主の来臨を待ち望む教会

Ⅰテサロニケ書論集

焼山満里子

教文館

目　次

序論 ……………………………………………………………7

第1章　Ⅰテサロニケ書における福音 ………………………11

1. Ⅰテサロニケ書——全体的理解　11
　1.1. テサロニケの町　11
　1.2. パウロとテサロニケ教会　12
　1.3. Ⅰテサロニケ書　13
　1.4. 手紙の主題——感謝（1:2-10; 2:13; 3:9）　14

2. Ⅰテサロニケ書の信仰内容　17
　2.1. 一神教信仰　18
　2.2. 兄弟愛　18
　2.3. 終末論　20
　2.4. 福音　22

第2章　Ⅰテサロニケ書における十字架の神学 ………31

1. 研究の課題　31

2. Ⅰテサロニケ書における黙示的終末論　33
　2.1. 苦難における希望　33
　2.2. テサロニケの信徒の信仰における黙示的終末論　34
　2.3. 黙示的終末論の消極的表れとしての「怒り」　37

3. Ⅰテサロニケ書における苦難の思想
　　　——終末論的視点から見た苦難　38
　3.1. 苦難に定められているという理解　38
　3.2. 苦難による慰め　40

4. 十字架の賜物——キリストに倣う者　41
　4.1. 希望　41
　4.2. 栄光　42

5. Ⅰテサロニケ書における十字架の神学　43

第3章　贖罪論と現代の教会
　　　——パウロによる参与のキリスト論 ……………………45

1.「現代の教会」の課題　45

2. 新約聖書学における「参与」の議論　49

　2.1. ローマ書における義認と参与　50

　2.2. 参与が書かれている箇所としてのロマ5章
　　　——アダムとキリスト　52

3. Ⅰテサロニケ書におけるキリストへの参与　56

　3.1. 苦難における参与　56

　3.2. Ⅰテサロニケ書の黙示的終末論　57

4. 結語　58

第4章　パウロ書簡、パウロ後書簡における静かな
　　　生活への励ましと終末待望 ………………………61

1. 研究の課題　61

2. Ⅰテサロニケ書の励まし　64

　2.1. Ⅰテサロニケ書の構成　64

　2.2. 4-5章の励ましの構成と特徴　64

　2.3. 兄弟愛の励ましとそれに続く静かな生活の励まし
　　　（4:9-12）　67

　2.4. キリストの来臨（4:13-18）と主の日（5:1-11）　68

　2.5. 共同体内の無秩序な人々についての戒め（5:12-22）　74

3. Ⅱテサロニケ書の勧め　76

　3.1. Ⅱテサロニケ書の主の日について（1:7-10）　76

　3.2. 無秩序ではなく静かに働く勧め（3:6-13）　77

第5章　Ⅰテサロニケ書とⅡテサロニケ書の文書比較

　…………………………………………………81

1. 研究の課題　81

2. Ⅰテサロニケ書とⅡテサロニケ書の全般的比較　82

　2.1. Ⅰテサロニケ書　82

　2.2. Ⅱテサロニケ書　87

　　2.3. 手紙の権威について（Ⅱテサ 3:17）　92

　3. 両書の来臨の時機についての議論　94

　4. 現在の生き方について　101

　　4.1. 希望　101

　　4.2. 怠惰な人々への戒め　104

　5. 結語　106

第 6 章　Ⅰ、Ⅱテサロニケ書における来臨……………107

　1. 研究の課題　107

　2. Ⅰテサロニケ書における来臨理解　110

　　2.1. Ⅰテサ 4:13-18 における来臨描写　110

　　2.2.「主の言葉」（4:15）　112

　　2.3.「大天使」（4:16）　114

　3. Ⅰテサロニケ書における来臨の時機　118

　　3.1. Ⅰテサロニケ書において来臨はいつか　118

　　3.2.「わたしたち生きている者」（4:17）　118

　　3.3. 5 章では来臨はいつか　118

　4. Ⅱテサロニケ書における来臨の時機　121

　　4.1. Ⅱテサロニケ書における来臨理解　121

　　4.2.「霊、言葉、手紙」（2:2）　122

　　4.3.「言葉、手紙」（2:15）　123

　　4.4. 来臨に先立って起こる事柄（2:3-7）　128

　5. Ⅰ、Ⅱテサロニケ書の来臨理解の相違とⅡテサロニケ書の
　　執筆状況　132

第 7 章　Ⅰテサロニケ書における「主の日」と
　　　　　ゼファニヤ書における「主の日」……………135

　1. 問題の設定
　　　　──Ⅰテサロニケ書では「緊迫した」終末期待が語られる
　　　　のか　135

　2. 来臨の時機
　　　　──すぐに来るのか、突然来るのか　136

　　2.1. Ⅰテサロニケ書における来臨描写　136

　　2.2. Ⅱテサロニケ書における来臨描写　143

　3. LXX ゼファニヤ書における「主の日」とパウロへの
　　　影響　146

　　3.1. LXX における「主の日」　146
　　3.2. ゼファニヤ書における「ヤハウェの日」　147
　　3.3. パウロの時間理解　150

　4. 結語　153

　　参考文献　155

　　初出一覧　162

　　あとがき　163

装丁　熊谷博人

序論

　本書は、これまで筆者がテサロニケの信徒への手紙一（以後Ⅰテサロニケ書）について書いた論考をまとめたものである。各論考に一貫した関心は、黙示的思想家としてパウロを理解し、その書簡としてⅠテサロニケ書を理解することである。

　パウロが黙示的表現を多用していても、それがパウロの神学、宣教活動の中心的関心であったとはすぐにはいえない。しかし、Ⅰテサロニケ書を考察していくと、パウロは圧倒的に黙示的終末論的世界観を表現していることがわかる。

　J. J. コリンズは黙示（的な）、黙示文学を次のように定義する。「啓示文学の一類型であり、人間の受け手にこの世のものでない媒介者によって伝えられる啓示という物語の枠組みをもって、救済を語る。それは終末を語るという点で時間的に、また天上界について語るという点では空間的に、現実を超越する救済の開示である」[1]。コリンズは黙示文学として『エチオピア語エノク書（Ⅰエノク書）』、『Ⅳエズラ記（エズラ記ラテン語）』、『Ⅱバルク書』、『アブラハムの黙示録』、『Ⅲバルク書』、『スラブ語エノク書』、『レビの遺訓』2-5章、『ゼファニヤの黙示録』の断片、いくつかの限定つきで『ヨベル書』と『アブラハムの遺訓』、また広い範囲のキリスト教、グノーシス、ペルシア、ギリシア・ローマの文献を認めている。

　パウロを黙示思想家として理解したのは、まずはA. シュヴァイツァーである。シュヴァイツァーは、Ⅰテサロニケ書に関する研究では4:14を、パウロが自らも受け継いだユダヤ教の宇宙史の終末論を修正した言葉だと考え

---

1)　Collins, *The Apocalyptic Imagination*, 3rd ed., 5. 黙示文学の機能についても、コリンズは、"Genre, Ideology and Social Movements in Jewish Apocalypticism," 19 において言及している。

る。ユダヤ教の宇宙史の終末論によれば、地上で生きたすべての人が裁きを受けるために起こされること、そして復活の前にメシアが一時的に滞在するメシア王国について教えているが、最後の世代の選ばれた人たちだけがこの一時的メシア王国を楽しみ、そのメシア王国が終わると死者の復活がある。この場合、メシア王国の到来の時に死んでいる信者は、これには与ることができない。そこでシュヴァイツァーは、Ⅰテサ 4:13-18 では、パウロは「主の言葉」つまりキリストの啓示によって知らされたこととして、信者でキリストの来臨を待たずに死んだ者も、メシア王国に与ると修正したと考えた。Ⅰテサロニケ書におけるパウロの記述に、シュヴァイツァーが試みたような二段階の復活を読み取ることは、現在の新約聖書学では支持を得ていないが、シュヴァイツァーのようにパウロ書簡を、ユダヤ教の黙示的終末論の影響を引き継いで自ら黙示思想家として思考したパウロの言葉として理解することは、紆余曲折を経ながらも現在の諸研究に引き継がれている。

　イエスが黙示的預言者であったという基本的見解は、R. ブルトマン、E. ケーゼマン、E. P. サンダースなどの研究を触発した。ケーゼマンは師であるブルトマンと対話しつつ、しかしブルトマンの新約聖書の実存的理解を踏襲しなかった。ケーゼマンは新約聖書と黙示の関係を「黙示はすべてのキリスト教神学の母」と表現した[2]。その後、J. C. ベカーがパウロを黙示的思想家と位置づけ[3]、その後のパウロを黙示思想家とする研究である、M. C. デ・ブーア、J. L. マーティン、D. キャンベルなど一連の研究のさきがけとなった。ベカーの後の研究者は、それぞれベカーの説を批判修正しつつ独自に新約聖書理解を進めている。たとえばマーティンは、ベカーが黙示的終末論的でないとしたガラテヤ書ではあるが、表面の議論を思想的に支えるのは黙示的終末論であると指摘する[4]。本書も基本的にベカーに基づき、Ⅰテサロニケ書、Ⅱテサロニケ書を理解しようとする。その際マーティン同様、黙示的終末論が明確に表れていない箇所にも前提されていることを指摘したい。

2)　ケーゼマン、渡辺訳『新約神学の起源』185-186 頁。
3)　Beker, *Paul the Apostle*, 16-19.
4)　Martyn, "Apocalyptic Antinomies in Paul's Letter to the Galatians," 111-124.

　本書のもう一つの関心は、パウロは終末の「遅延」という事態を受けてⅠテサロニケ書を執筆したという理解を見直すことである。パウロが終末について語る代表的な箇所は、Ⅰテサでは 4:13-18; 5:1-11、Ⅱテサでは 2:1-12 である。これらの箇所はそれぞれ「遅延」という事態を受けて著者が執筆したと説明されることが多いが、果たしてそうなのだろうか。先に挙げたシュヴァイツァーのⅠテサ 4:13-18 理解によれば「イエスのメシヤたることを信じて死んだ者の運命という問題は、イエスの再臨の遅延から帰結する第一の問題である」という。「パウロの決定は、結局、これらの死人はメシヤの国が終って後に起る死人の復活を待つ必要はなく、それに先立つ特別の復活によって、最後の世代の他の選ばれた者たちと同様に、メシヤの国の栄光に同じ仕方であずかることになるであろう、というところにある」と書いており、遅延を前提に議論している [5]。しかし本書ではパウロの発言をできるだけテキストに即して理解し、従来広く前提とされている終末の「遅延」という概念を用いず、テキストが終末について様々な表現方法で考察している事柄を聞き取ろうとした。黙示的終末論の特徴の一つとして、ベカーは来臨が切迫していることを挙げるのであるが、それはパウロよりも後の時代のわたしたち読者にとって、わたしたちの願いや期待よりも神の徹底的支配が勝ることを実感させることになるという。したがって来臨の遅延は忍耐強く神の支配の訪れを待つようにわたしたちを動機づけるという [6]。このベカーの考察に含意されている点を展開すれば、信徒は神の徹底的支配を待つのであるから、「遅延」と表現されるような失望はないはずである。それならばパウロ書簡に終末の「遅延」という事態はそもそも前提にされていないのではないか [7]。本書は以上二つの主要な関心のもとに、Ⅰテサロニケ書の来臨理解に関わる箇所を考察した論集である。

　前半の第 1 章から第 3 章では主にⅠテサロニケ書を扱い、第 1 章では福音理解、第 2 章では苦難の考え方、第 3 章ではキリストへの参与をめぐって考

----

[5]　シュヴァイツァー、武藤・岸田訳『使徒パウロの神秘主義（上）』177 頁。
[6]　Beker, *Paul's Apocalyptic Gospel*, 120.
[7]　J. D. G. ダンは、「パルーシアの遅延」が「パウロ自身の神学における展開を説明する要因にならない」と結論づけている（ダン、浅野訳『使徒パウロの神学』419 頁）。

察している。後半の第4章から第7章ではIテサロニケ書とIIテサロニケ書の比較を、別々の問題との関わりで論じた。第4章では両書の来臨を待つ間の静かな生活への励ましについて、第5章では両書で共通して主張される来臨をめぐる議論、第6章では来臨の遅延という考え方について、第7章では来臨の近さとパウロの時間論をめぐって考察している。各章は本来、独立した論文であったこともあり、一つの章ごとに要点をくり返し、議論を拡大している。ご理解、ご辛抱をいただければ幸いである。

第1章　Ⅰテサロニケ書における福音

1. Ⅰテサロニケ書——全体的理解

1.1. テサロニケの町

　古代テサロニケの町は、テッサロニキとして現代に続いている。ギリシア北部、エーゲ海のテルメ湾に臨む港町で、アレクサンドロス大王の死後、マケドニアの王となるカッサンドロス（在位前305-297）が、アレクサンドロス大王の異母妹である妻の名前テッサロニカにちなんで、この町をテサロニケと名づけたといわれている。町はビザンティオンとディラキウムを結ぶエグナシア街道の中間地点に近く、またバルカン半島を南北に走るモラヴァ川に沿った街道の南端に位置しているため、交通の要所であった。そのためテサロニケは、当時コリントと並ぶ二大商業都市であった。紀元前146年、テサロニケがあるマケドニアがローマ元老院属州とされた時にテサロニケは州都とされ、異邦人中心の町であったと考えられる。それはⅠテサ1:9に「あなたがたが偶像から離れて神に立ち帰り」と書かれている言葉からも窺える。使徒言行録では数人の、名前からユダヤ人と考えられる人物に言及しているが（ヤソン［17:6］、アリスタルコ、セクンド［20:4］）、その他のテサロニケの信徒たちの多くは、一神教に回心した異邦人であったと考えられる[1]。紀元後1世紀のテサロニケの人口は、50,000から125,000人程度と推測され、しかも町にユダヤ人居住地もあったことが指摘されており[2]、テサロニケから北西140キロメートルほどの内陸の町ソトビでは、紀元1世紀末から2世紀初頭の会堂跡が出土していることもあり、エグナシア街道沿いにありさらに人々の往来の盛んなテサロニケの町にもソトビと同様、ユダヤ人居住地が存在し

1)　Jewett, *The Thessalonian Correspondence*, 118-123.
2)　Peach, *Paul and the Apocalyptic Triumph*, 158.

たことは十分考えられるし、特に 49 年にクラウディウス帝がローマからユ
ダヤ人を追放した後に、テサロニケに来たユダヤ人もいたことが考えられる
（使 18:2 によれば、アキラとプリスキラのコリント移住のように）。しかし I テサ
2:14 で、テサロニケの信徒たちが回心したことによって「同郷の人々」から
迫害を受けたことにパウロが言及する時、ユダヤのユダヤ人キリスト者と対
比してテサロニケのキリスト者、つまりおそらくは異邦人キリスト者につい
て語っている。それは、テサロニケにおいてキリスト教が地域の異邦人から
は受け入れられていなかったことを示唆している。マケドニアには他にフィ
リピの教会があり、二つの町はエグナシア街道沿いに 100 キロほど隔たり、
I テサ 2:2 では「以前フィリピで苦しめられ」と書かれていて、パウロはテ
サロニケに来る前にフィリピで苦労して伝道していたことが述べられてい
る。それは以下、「2. I テサロニケ書の信仰内容」で述べるように、異邦人
に対する一神教を中心とする教えだった。

1.2. パウロとテサロニケ教会

　使徒言行録によれば、パウロは地中海世界を巡る伝道旅行を 3 回しており、
第二伝道旅行（15:36-18:22）中に初めて小アジアからマケドニアに渡り、フ
ィリピからテサロニケへと伝道した。I テサロニケ書は「パウロとシルワノ、
テモテから……テサロニケの教会へ」（1:1）送られているので、テサロニケ
に開拓伝道に訪れたのはこの 3 人だと考えてよい。シルワノはパウロ書簡で
は他に II コリ 1:19 にのみ登場するが、使徒言行録のシラスと同一人物であ
る可能性が高い。使徒言行録では第二伝道旅行に同行した人物をシラスと、
また 15:22 では「兄弟たちの中で指導的な立場にいた」と紹介しているが、
その人物と同一と考えてよいだろう 3)。

　テモテは使 16:1 で「信者のユダヤ婦人の子で、ギリシア人を父親に持つ、
テモテという弟子」と紹介され、以後パウロの伝道旅行に同行している。テ

---

　3)　ほとんどの注解書は、断言を避けつつ同一人物である蓋然性が高いことを指摘する。
たとえば V. P. ファーニッシュは、シルワノとシラスが同一人物であることを疑わない
（Furnish, *1 Thessalonians, 2 Thessalonians*, 27）。田川建三も同一人物と見なしている（田川
「テサロニケ人の教会へ、第一」89 頁）。

モテはⅠ、Ⅱテサロニケ書以外にⅡコリント書、フィリピ書、フィレモン書、コロサイ書の共同発信人として名前を挙げられている。

　パウロは使 18:3 では「テント造り」と紹介されている。これは移動しながらできる皮なめし職人と考えてよい[4]。Ⅰテサ 2:9 の言葉「誰にも負担をかけまいと」から、パウロたちは働きながら、生活も伝道もできるだけ自活しようとしていたのだろう。使 17:5-9 が伝えるテサロニケ伝道の様子によると、ヤソンという人の家に寄留しつつ自ら働いて伝道し、直前に伝道していたフィリピ教会からも援助があったようである。Ⅱコリント書、またフィリ 4:16; 2:15 によればフィリピ教会は、たびたびパウロを経済的に援助しており、テサロニケ伝道の間もそうであったと考えられる。けれども使 17:1-9 によるとテサロニケ伝道は「皇帝の勅令に背く」(7 節) と見なされ、パウロたちは妨害に遭い、その伝道活動は当初の計画よりも早く終えられたようである。しかしⅠテサ 3:1-10 から推測すると、テサロニケを離れてコリントへと移動する中で書かれたⅠテサロニケ書からは、パウロと教会の信徒たちが信頼し合い、励まし合う様子が伝わってくる。ガラテヤ書、コリント書にあるような、厳しい叱責の言葉は見られず、パウロとテサロニケ教会の関係は非常に良好であったと考えられる。

1.3. Ⅰテサロニケ書

　使徒言行録の報告によると、パウロはテサロニケ伝道の後、おそらく 49-52 年頃、アカイアのアテネ、コリントへと移動しつつ伝道旅行を続けている[5]。その間にもテサロニケの信徒たちは、テサロニケの町の人々から迫害を受けていたようである (Ⅰテサ 2:14)。そこで 3:1 に書かれているように、テモテをテサロニケへ送り返すことになったのだろう。Ⅰテサロニケ書の執筆は、そのテモテがパウロのもとに帰還した時で、パウロはテサロニケの信徒たちの無事をテモテから聞き、安堵し喜びと感謝にあふれてこの手紙を書

---

　4)　「天幕造り」は「天幕や他の皮製品を造る皮細工」職人を意味するという (荒井『使徒行伝 (中巻)』455 頁)。

　5)　ケスター、永田訳『新しい新約聖書概説 (下)』164 頁。

いている（3:6）。アテネでは長期滞在せず、その後に行ったコリントで伝道が成功し、使 18 章には、コリントで 18 か月滞在したと書かれているので、3 人が合流したのはコリントだとするなら、手紙もコリントで執筆されたと考えられる。つまりIテサロニケ書はパウロがテサロニケを離れた直後、50 年代初期に書かれたことになる。Iテサロニケ書以外のパウロ書簡は第三伝道旅行中かそれ以後に書かれているので、Iテサロニケ書はパウロの手紙の中で最も早く書かれた手紙だということになる。

　Iテサロニケ書の構成は、大まかに 1-3 章の感謝の言葉と 4-5 章の励ましから成る。この手紙を読むとまず、感謝の言葉にあふれていることに気づく。まず 1:1 の教会への挨拶から始まり、テサロニケの信徒たちとパウロの親しさを振り返り、感謝している。このような感謝と再訪の願いが 2 章までを占め、テサロニケで伝道した時のパウロ、シルワノ、テモテとテサロニケの信徒たちとの関わりを思い起こすこと [6] がパウロたちの感謝（1:2, 3）や励まし合い（2:9; 3:6）、祈願（3:12）の動機になっている。またパウロたちの働き、教えをテサロニケの信徒たちが思い起こしていることが、まず 1:5 で、また 1 章の後も続いて述べられる（2:1-11; 3:3-4; 4:2; 5:2）。テサロニケの信徒たちの伝道の働きをパウロたちが知っており（1:3-10; 2:13-14; 3:6）、喜びをもって感謝していることもくり返し語られる。

1.4. 手紙の主題——感謝（1:2-10; 2:13; 3:9）

1:1 の挨拶の言葉に続いて 2-10 節は感謝の言葉である。

　　2-3 節　わたしたちはいつも神に感謝している。あなたがたすべてについて、絶えずわたしたちの祈りにおいて思い起こすことで。あなたがたの信仰による行いと、愛による労苦と、わたしたちの主イエス・キリストに対する希望による忍耐を、わたしたちの父なる神の御前で。

---

6)　門脇佳吉によれば、パウロはユダヤ教において人々が伝承を「思い起こす」という伝統を受け継ぎ、キリストの出来事に適用し「黙示思想的ヴィジョンを全く新しい」ものにしているという（門脇『パウロの中心思想』41 頁）。

2節は主文が「わたしたちはいつも神に感謝している」と始まり、続いて分詞節で「絶えずわたしたちの祈りにおいて思い起こすことで」、また「あなたがたすべてについて」と説明している。

　パウロたちが思い起こして感謝するのは、「あなたがたの信仰による行いと、愛による労苦と、わたしたちの主イエス・キリストに対する希望による忍耐」である。信仰とはキリストにおいて神が働くことへの信頼であり、その信頼を持って生活をすること。愛とはキリストを通して生ずる神との関係、また隣人との関係であり、その愛を持って労苦すること。希望とはキリストにおいて神が始めた働きを神が完成してくださる終末への希望であり、この希望を持って現在の困難においても忍耐することである[7]。

　この感謝の言葉の背景にあるのは、テサロニケへの伝道が困難であったこと、それにもかかわらずテサロニケの人々が信じたことである。使徒言行録によれば、パウロがマケドニアに出かけたのは、夜、幻でマケドニア人が「マケドニアに渡って来て、わたしたちを助けてください」（16:9）というのを聞いたからである。そこでパウロたちはマケドニアに向けて出発し、フィリピでは紫布商人リディア、そして占いをする女性が回心する。しかし占いをする女性によって利益を得ていた人々からの反対に遭い、上着をはぎ取られ、鞭打たれ、牢に入れられた（17:16-24）。釈放されたのち、パウロたちはもはやフィリピにとどまることはできず、このテサロニケの町へ逃げるようにやって来ることになった。

　つまり体力的にも、精神的にも弱り果てたキリスト教の伝道者たちが、マケドニアの州都である大都会に逃げるように転がり込んできたことになる。使徒言行録の他の箇所（20:7ff.）が伝えることを参考にすると、パウロは雄弁家ではない。パウロの話が長々と続くのでエウティコという青年は眠りこけて三階から転げ落ちてしまったと報告されている（20:9）。パウロはそのような話下手としての自分の評判をⅡコリ10:10に書いている。Ⅰコリ2:1では修辞学的に優れた語りをしなかったにもかかわらず、コリントの人々が

---

7)　Bruce, *1 & 2 Thessalonians*, 12.

信じたことを重視している。テサロニケでも人々は、パウロが語ることを真
摯に受け止めたことが感謝をもって思い起こされている。Ⅰテサ 2:13 の言
葉がそのことを物語っている。

> 2:13　それゆえわたしたちは絶えることなく神に感謝している。なぜな
> らあなたがたは、わたしたちから神について聞いた言葉を人の言葉とし
> てではなく、真実に神の言葉として受け入れたからである。そしてその
> 言葉はあなたがた信じる人々のうちで働いた。

「それゆえ」という言葉は、1:5「わたしたちの福音があなたがたに、言葉に
おいてだけでなく、力と聖なる霊と豊かな確信によってなったからである」
と語ることに戻る。パウロはテサロニケの人々に福音が届いたことを神に感
謝せずにいられないのである。

　ところが、このテサロニケ伝道も反対に遭い、パウロたちは次の町ベレア
に移動せざるを得なくなった。イエス・キリストを宣教することはローマ帝
国の皇帝の権威に逆らうことだと理解されたからである。それ以後、信徒に
なったテサロニケの人々も、激しい嫌がらせと苦痛を受けることになる（Ⅰ
テサ 2:14）。それをおそらく伝え聞いたパウロは、テサロニケ教会の様子を
見るためにテモテを送り、その報告を受けて書いた言葉が 3:6 であった。

　以上の考察から、パウロがテサロニケの教会のことを思い起こして神に感
謝するという時には、二つの要素がある。第一に、パウロ自身の人間的な無
力さ、そしてテサロニケの状況の困難さにもかかわらず、テサロニケの人々
が信じたことである。それは神の力による以外にパウロには考えられなかっ
た。それゆえ「力と聖なる霊と豊かな確信によって」（1:5）福音が伝えられ
たというのである。

　第二に、テサロニケの人々への感謝の言葉が手紙にあふれている。古代の
多くの手紙にも感謝の言葉が記されているし、パウロの他の手紙にも感謝の
言葉は記されている。しかしこの手紙の感謝の言葉は 1:2-10 でいったん完
結するものの、2:13、3:9 で再開される。

3:9　わたしたちがあなたがたについて神の御前で喜んだ、すべての喜びのゆえに、わたしたちはどのような感謝で、神に報いることができるだろうか。

この 3:9 から始まる感謝は、3:13 まで続く長いものである[8]。「思い出す」「思い起こす」という言葉が複数回使われるように、テサロニケで伝道した時のパウロと同労者たちとテサロニケの人々との関わりを互いに思い起こすことが、感謝（1:2, 3）や励まし合い（2:9; 3:6）の根拠なのである。
　パウロが感謝しているのは、テサロニケの人々において福音がなった——その意味は、神の言葉を聞いたテサロニケの人々が受け入れ、信じ、信徒として成長しつつある——からである。

1:3　あなたがたの信仰による行いと、愛による労苦と、わたしたちの主イエス・キリストに対する希望による忍耐をもって、わたしたちと主の模倣者となり、すべての信仰者たちの模範となった。

2:13　わたしたちから神について聞いた言葉を……真実に神の言葉として受け入れたからである。そしてその言葉はあなたがた信じる人々のうちで働いた。

2. Ⅰ テサロニケ書の信仰内容

　テサロニケの人々の信仰内容を手紙から読み取ると、次の三点——一神教、兄弟愛、終末論——にまとめられる。

---

8)　「感謝の言葉は三・一三に至ってはじめて最終的に終わる」（ホルツ、大友訳『テサロニケ人への第一の手紙』47 頁）。シュミットハルスは、感謝の言葉のくり返し（1:2; 2:13）によって、Ⅰ テサロニケ書はパウロの二つの真正書簡を編集したものと考える（Schmithals, *Die Thessalonicherbriefe als briefkompositionen in Zeit und Geschichte*, 295-515）。本稿ではこのくり返しをパウロとテサロニケの人々の親しさの表れと理解する。

2.1. 一神教信仰

神の言葉を受け入れた人々の具体的な信仰内容が、1:9, 10に記されている。

> すなわち彼ら（マケドニア、アカイアの人々）自身がわたしたちについて
> 語っている。わたしたちがどのようにあなたがたのところに来て、どの
> ようにあなたがたが偶像から立ち返り、生ける真実なる神に仕えるよう
> になったかを。また天からの御子を待つようになったかを。神が御子を
> 死者の中から起こしたのである。イエスはわたしたちを来るべき怒りか
> ら救い出す方である。

この箇所からパウロが伝え、テサロニケの人々が信じた内容は、一神教信仰、
キリストの復活、来臨、神の来るべき怒りからの救いである。原口尚彰は、
Ⅰテサ 1:9bc-10にはパウロの伝道説教が要約されており、その内容は使徒
言行録の著者によってパウロの伝道説教として書かれている箇所（使 14:14-
15; 17:4-31）と一致することを指摘する。使徒言行録の著者はヘレニズム教
会の異邦人向け伝道説教の基本要素を踏襲しており、パウロもその通り行っ
たと考えられるという[9]。そうであれば、テサロニケの信徒たちは、パウロの
説教により一神教信仰を受け入れた異邦人中心の人々であるといえよう。そ
してテサロニケの人々が信仰を持った結果、2:14では町の人々から迫害を受
けたことが記されている。「そして、兄弟たちよ、あなたがたは、キリスト・
イエスにおいて神の教会であるユダヤにある教会に倣う者となった。ちょう
ど彼らがユダヤの人々から苦しめられたように、あなたがたも同郷の人々か
ら様々なことで苦しめられたからである」という事態となった。

2.2. 兄弟愛

4:9では地縁、血縁のない人々が兄弟姉妹として兄弟愛、隣人愛によって
連帯することが教えられている。

---

9) 原口「初期パウロのパラクレーシス」11頁。

9節　兄弟愛[10]については、わたしたちはあなたがたに書く必要はない。
あなたがた自身が神から教えられ、その通り、行っているからである。

兄弟愛の教えは、ヘレニズム時代[11]という中央集権的社会の中で伝統的文化
や共同体が崩壊していた中、大都市で絆を失い孤独に生きていた人々に絆を
もたらすものであり、それがキリスト教が教える兄弟愛、隣人愛の実践だっ
たといえるだろう。新約聖書学に社会学的方法を取り入れた W. ミークスの
『古代都市のキリスト教』以来、パウロ教会とギリシア・ローマ世界の任意
団体と比較し、パウロ教会の共同体としての特徴を探る試みがなされ続けて
いる[12]。パウロ教会は、当時の様々な任意団体がそうであったように、何らか
の意味で社会的紐帯を作り出し、人々を結びつけるものであったに違いない。
　兄弟愛は、5:10-11 でキリストを模範とする生き方の目指すところとして
も教えられている。

5:10-11　（イエス・キリストは）わたしたちのために死に、それはわた
したちがたとえ目覚めていても眠っていても、彼と共に生きるためであ
る。それゆえ、あなたがたはこのように行うことで互いに励まし、一人
が一人を建て上げなさい。

---

10)　本来、「兄弟姉妹」と訳すべきであるが、煩雑になるので本書では「兄弟」と統一し
て訳す（田川「テサロニケ人の教会へ、第一」98-99 頁及び 127 頁の議論を参照）。言語的
には姉妹が含意されていることに注意したい。
11)　アレクサンドロス大王がインダス川からスペインまでの世界を統一し、王位につい
た紀元前 336 年からローマの帝政が始まるまで、パレスチナにおいては紀元前 63 年にロー
マ帝国の支配下に置かれるまでをヘレニズム時代と呼ぶ。統一された文化圏でギリシア
語が共通語として話される中央集権化の中で、伝統的社会が崩壊し、貨幣経済の導入、旧
約聖書で禁じられていた土地の売買が行われ、格差が拡大し、伝統的絆が失われ、人々は
大都市に孤独に生きることになった（松永『歴史の中のイエス像』17 頁）。
12)　Meeks, *The First Urban Christians*（ミークス、加山監訳『古代都市のキリスト教』）を
支持するにしても批判するにしても、最近の研究は同書とまったく無関係には成り立たな
い。

キリストを模範にして兄弟愛、隣人愛を実践する。ここでキリストを模範にするということは、契約や戒律を守るという外側からの強制ではなく、自発的にキリストを生きる模範として選び取ることである。

2.3. 終末論

Ⅰテサロニケ書でパウロが語ることは、終末が前提になっていることが明確である。それはまず、Ⅰテサロニケ書が全体にわたって終末における神の怒りを前提に語っている（1:10「来るべき怒り」）ことから指摘される。

D. ラッケンスマイヤーは、来臨の教えがⅠテサロニケ書を理解する鍵であるという[13]。ラッケンスマイヤーは、本論（1:2-5:22）を感謝の言葉（1:2-10）、パウロとテサロニケの人々の関係（2:1-16）、使徒の再来について（2:17-3:13）、勧告（Paraenesis）（4:1-5:22）、手紙の結び（5:23-28）に区分する。それぞれの部分に来臨についての言及があり、イエスが来るべき怒りから救う方であることを明らかにしているのは、その信仰が共同体の自己理解を形成し、共同体の結束を固め、未来に向かわせるからであり、それゆえ、来臨の言葉に基づいて各主張がなされていると分析する。

いくつかの箇所を具体的に検討すると、2:12 では「神の国と栄光にふさわしく歩むように神はあなたがたを招いた」、2:19 では「わたしたちの主イエスが来られる時」、3:13「主イエスが来られる時」、4:15「主の来臨の時に」という箇所に、来臨が前提されている。

また 4:16-18 ではキリストの来臨の様子を黙示文学（apocalypses）に倣って描いている。

> 合図の号令と、大天使の声、神のラッパのうちに主御自身が天から下り、まずキリストにあって死んだ人々が起こされるであろう。そして次に、わたしたち生きている者、残っている者たちが、それらの人々と共に一瞬にして雲の中に取り去られ、空中で主と会うであろう。そのようにして、わたしたちは常に主と共にあるであろう。だからあなたがたは、こ

---

13) Luckensmeyer, *The Eschatology of First Thessalonians*, 73.

　れらの言葉によって互いに励まし合いなさい。

　パウロによれば、キリストの到来——地上での出来事——によって終末は始まったと考えられている。キリストの一回目の来臨は、キリストの受肉、十字架、復活、昇天、主としての即位であった。そして二回目の来臨においては、世の終わりがもたらされる。審判、死人の復活、永遠の生命、神の国が到来することによって、創造と救済が完成される。Ⅰテサロニケ書では審判は「神の怒り」（1:10）といわれるが、それは飢え渇くごとく義を求める者にとっての慰めである。被造世界全体に終末が来るとき、死の眠りについていた人々はキリストの復活の命に与る（4:16）[14]。

　Ⅰテサロニケ書では、「主の日」という語をもってキリストの来臨が語られる。「主の日」は旧約聖書の預言者の言葉に由来し（アモ 5:18; ヨエ 2:31; マラ 4:5）、これらの箇所で「主の日」とは、神が人間の歴史に介入し、神に反逆する人間を裁き、歴史を新たにする日である。テサロニケ書では「主の日」は、キリストの来臨（パルーシア）の日であり、Ⅰテサ 5:2; Ⅱテサ 2:2 でそれぞれ 1 回、パウロの他の手紙ではⅠコリ 5:5「このような者を、その肉が滅ぼされるようにサタンに引き渡したのである。それは主の日に彼の霊が救われるためである」という時に使われる。Ⅰテサ 2:19; 3:13; 4:15; 5:23 及びⅡテサ 2:1, 8 では「主の日」を「来臨」（パルーシア）という言葉を用いて語る。このように来臨予告はⅠテサ、Ⅱテサでくり返される（Ⅰテサ 5:4 では「日」のみで主の日を含意する。主の日、来臨と言わないが 1:10 も同様）。その日、キリストが信徒たちを神の怒りから救い出し（1:10）、生きている者もすでに死んだ者もキリストと出会い、それ以降、永遠に主といることになる。しかし同時に 5:1 で来臨の時機は神が決めること、神の働きなので、人が詮索することではないともいわれる。そしてその日まで神の御心に従い生きるようにこの手紙は教える。このことはこの手紙を理解するために非常に重要である。Ⅰテサロニケ書は主の日が神の御心によって到来することを教え、主の日が近いとしても慌てたり恐れたり、刹那的になり現世を軽視したりするこ

---

14)　de Boer, "Paul and Apocalyptic Eschatology," 349-366.

となく、終末論的に意味づけられた日常を信仰者としてふさわしく生きることを教えている。

2.4. 福音
2.4.1. 課題——福音がなった（1:5）

　Ⅰテサロニケ書の特色は、パウロが多く用いる「励まし」（パラクレーシス）（2:3、動詞形 2:12; 3:2, 7; 4:1, 10, 18; 5:11, 14）という語に表れている。Ⅰテサロニケ書における教えの内容は、パウロがテサロニケで伝道をした時の信徒たちとの交わりや、すでに教えたことを思い起こさせることである[15]。原口は、パウロ書簡では訓戒（パレネーシス語群）ではなく、より意味範囲が広い勧告（パラクレーシス語群）が用いられていることに注意する。パウロが勧めをする（2:3; 3:2; 4:1, 10）のみでなく、信徒相互が励まし合うこと（4:18; 5:11）を教えるのである。さらにパウロがテサロニケの信徒たちの行いによって慰められること（3:7）を考慮に入れ、Ⅰテサロニケ書を従来のように単なる「パレネーシス（勧告的）書簡」（parenetic letter）とするのは不十分で、「パラクレーシス（励まし・奨励）書簡」と呼ぶことを提案している。Ⅰテサロニケ書には、既知の徳目を教える部分（4:3-12）があるにしても、すでにパウロが語った勧めと、信徒たちへの模範としてのパウロの生活をテサロニケの人々がよく知っており、またパウロたちもテサロニケの人々の信仰生活をよく知った上で、パウロたちを思い起こさせ、励まし感謝している。その上でパウロがテサロニケを離れた後の状況について（3:1-10）、予想されていた迫害について（4:13）、主の到来について（4:13,18）、終末の到来について（5:1-11, 14）、事態の進行状況を踏まえつつ教えている[16]。それゆえⅠテサロニケ書を励ましの手紙と理解し、手紙の励ましの言葉が説得力を持つのは、パウロとテサロニケの信徒たちが共有する、開拓伝道時の信頼関係があるからだということに注目したい。パウロが思い起こして感謝し、教えたことを確認し、また新たな教えを述べるのがⅠテサロニケ書である。

---

15)　原口「初期パウロのパラクレーシス」36 頁。
16)　原口「初期パウロのパラクレーシス」37 頁。

　手紙の冒頭の挨拶のあと、パウロはテサロニケの人々の間で「福音がなった」と書く。

　1:5（私訳）　なぜなら、わたしたちの福音は、あなたがたに言葉においてだけでなく、力と聖なる霊と豊かな確信によってなったからである。わたしたちがあなたがたのところで、あなたがたのためにどのような者になったかは、あなたがたが知っている通りである。

　1:5（新共同訳、傍点筆者）　わたしたちの福音があなたがたに伝えられたのは、ただ言葉だけによらず、力と、聖霊と、強い確信とによったからです。わたしたちがあなたがたのところで、どのようにあなたがたのために働いたかは、御承知のとおりです。

　1:5（口語訳、傍点筆者）　なぜなら、わたしたちの福音があなたがたに伝えられたとき、それは言葉だけによらず、力と聖霊と強い確信とによったからである。わたしたちが、あなたがたの間で、みんなのためにどんなことをしたか、あなたがたの知っているとおりである。

ここで「福音があなたがたに伝えられた」とわかりやすく訳されている言葉は、原文では γίνομαι が使われている。γίνομαι は、成る、起こる、生じる、生まれる、できると訳される言葉で、本来の意味は「なる」「生じる」である。新約聖書に合計 667 回使われ、パウロ書簡では 118 回、起こる、なる、の意味で使われる[17]。この語を新共同訳、口語訳では「伝えられた」と訳している。
　しかし γίνομαι は、「伝えられた」（言葉が取り次がれた）という以上の、福音を受け入れることによって起こる個人的、共同体的変化を表現している。原口は、「私達の福音は、言葉だけでなく、力と聖なる霊と大いなる確信によってあなた方のところに到来したのであるから」として、「テサロニケでのパウロの伝道説教には、霊の付与が伴い、彼の語る福音の真正性を証拠付け

17）　Hackenberg「γίνομαι」290-291 頁。

24

る」として、パウロの伝道説教、また宣教活動には、「霊の受領と力ある業」が重要な要素であったことを指摘する（ロマ 15:19; Ⅱコリ 12:12; ガラ 3:2, 5 参照）[18]。

　それゆえ 1:5 は岩波訳（青野訳）で、「なぜならば、私たちの福音はあなたがたの中で、ただ単に言葉においてではなく、むしろ力と聖霊と多くの確信において、出来事となったからである」（傍点筆者）としている。福音は受け手に変化をもたらさずにはおかない。その事態が出来事となった、と訳されている。同じ意図であろう、田川訳では福音が「実現した」と訳されている [19]。

　ここで提案したいのは、この 1:5 における「なった」を、黙示思想家としてのパウロの言葉として理解することである。パウロは啓示を受け終末の完成に向かう世を生きている。「パウロの黙示思想の強烈さは……希望」によって「黙示思想的終末の完成（神の栄光に与ること）」を待ちつつ伝道したことにあり、テサロニケにおいては神の言葉が受け入れられ、教会ができ、福音が「なった」というのである [20]。ヨハネ黙示録におけると同様、パウロは、イエスの復活という過去の終末論的出来事及びキリストの来臨というこれから起こる出来事について語る。すでにキリストが人間の歴史に現れたというこのことは、現在における人間の状況について、あるいはこれから起こると期待されるキリストの来臨についても正しく理解する鍵となる。デ・ブーアによれば、パウロは「啓示」（ἀποκάλυψις）（黙 1:1; ガラ 1:12 などで用いられる）という名詞とその動詞形「啓示する」（ἀποκαλύπτειν）をいくつかの意味で用いる。第一に、天から特に現在について明らかにする神的奥義が霊を媒介として伝えられるという。たとえば黙 1:1; ガラ 1:12 がイエス・キリストにおける啓示について語る場合である（Ⅰコリ 1:7; Ⅱテサ 1:7 も参照）。Ⅰコリ 14:26 では啓示が霊を媒介として伝えられること、さらにⅡコリ 12:1 では視

　18）　原口「初期パウロのパラクレーシス」14-15 頁。
　19）　「すなわち我らの福音はあなた方のもとで言葉においてだけでなく、力においてまた聖霊において、十分確実に、実現したのである」（田川訳「テサロニケ人の教会へ、第一」7 頁。傍点筆者）。
　20）　de Boer, "Paul and Apocalyptic Eschatology," 347.

覚的啓示という意味で用いられている。第二に、イエスの来臨について語る
場合であり、たとえばⅠコリ 1:7 他（ロマ 2:5; 8:18-19; Ⅰコリ 3:13）である。
Ⅱテサ 1:7; 2:3; 6, 8 では「啓示」がこの意味で用いられている。

　さらに第三の用法として、デ・ブーアは、パウロが「啓示」「啓示する」と
いう語で語るのは、イエス・キリストの復活と来臨についてだけではないこ
とを指摘する。パウロは地上に天上の出来事が、あるいは未来が現在に侵入
してくるという黙示的終末論の出来事として啓示を語るからである 21)。ガラ
1:12 ではパウロが、福音が起こった、なったと語っていると文脈から読み取
れるのだが、実際には動詞が省略されている。デ・ブーアはここに「起こっ
た」「なった」という語を補って読み、「福音は啓示によって自分〔パウロ〕
に起こった」と理解する。それはダマスコ途上の回心の出来事においてパ
ウロに起こった、復活のキリストを啓示された出来事を暗示している 22)。ガ
ラ 1:12 と同様に理解すると、Ⅰテサ 1:10 でパウロが「来るべき怒り」から
の救いを語る時、また 1:5 において「福音はテサロニケでなった、起こった」
という時に、パウロは啓示によって福音を伝えられ、福音がパウロにおいて
起こったと語っていることになる 23)。つまり 1:5 で「福音がなった」とパウ
ロが語るときの「なった」も、デ・ブーアは啓示により信仰者が福音を受け
入れた出来事（Ⅰコリ 9:1; 15:8-10; フィリ 3:7-9）として理解する。

　さらにデ・ブーアは、ガラ 1:16「御子をわたしのうちに示した」のように、
ガラ 3:23 でも福音そのものが啓示される出来事としていわれていることに
注目する 24)。このようにパウロは神の終末的救いの働き全体を啓示用語で表

---

21)　de Boer, "Paul and Apocalyptic Eschatology," 356.

22)　de Boer, "Paul and Apocalyptic Eschatology," 356.

23)　de Boer, "Paul and Apocalyptic Eschatology," 346-347. N. T. ライトは、パウロにおけ
る信仰義認の議論は、終末との関わりで理解されることを指摘する。たとえばロマ 2:13 は
「終末論とイスラエルの希望が、相変わらずパウロの地平を支配しているのです。要は、
だれが終わりの日に正しい者と認められ、復活にあずかり、契約の民であると示されるか」
という（ライト、岩上訳『使徒パウロは何を語ったのか』245 頁）。さらに門脇は、神の義
の救いを語る積極面と、怒りを語る消極面との二面を指摘する。たとえばロマ 1:17 では、
「福音の中で神の義が信じる者に啓示され」（傍点門脇）といい、また 18 節では神の怒りが
啓示される。門脇はそれゆえ神の怒りは神の義の一側面として含まれていると指摘する。

24)　de Boer, "Paul and Apocalyptic Eschatology," 346-347.

現している。福音の宣教は、キリストの死と復活によって始まった終末論的神の救いの働きの一環で、それによって共同体が形成される。共同体においては霊による啓示によって、神の働きが知らされる。このような意味で、Ⅰテサロニケ書の「なった」は啓示の言葉であり、パウロはテサロニケにおいて終末論的出来事が起こっていると語る。このような状況把握をしつつ語るパウロを、黙示的思想家として特徴づけることができる[25]。

続いて、福音による新しい生き方の輪郭が1:6以下で述べられる。6節「多くの困難の中で、あなたがたは聖なる霊の喜びと共に御言葉を受け入れたので、わたしたちと主の模倣者になった」。7節「その結果、あなたがたはマケドニアとアカイアのすべての信仰者たちの模範となった」。8節「主の言葉があなたがたのところからマケドニアとアカイアにおいて、それだけでなくすべての場所で響き渡り、あなたがたの神への信仰は、わたしたちは何も話す必要がないほどまでに響き渡っている」と語る。

以上まとめて、「福音がなった」とはどのような意味か。Ⅰテサ1章では福音を聞いた人々が信仰を持ち、主の模倣者になることとして、テサロニケの信徒たちがそうであった様子を伝えている。それが、福音が「なった」という事態である。

以上考察したように、Ⅰテサロニケ書で福音として全面に出ているのは、終末について啓示された教えであった。その内容は、ベカーによれば、パウロの福音の中心はキリストの出来事、死と復活の黙示的終末論的理解であり、神の最終的栄光と勝利の時にのみ、神はキリストと霊において現臨しているということである[26]。ベカーによれば、パウロは黙示的終末論をユダヤ教思想から引き継いだが、三つの点で修正をしたという。第一に、「今の時代」を「来るべき時代」との対比による二元論的世界観によっては理解しなかった。第二に、終わりの時に悪の力が増大するという伝統的黙示的世界観を採用していない。現在においてすでに神の将来の栄光が現れはじめてい

---

25) 浅野淳博によれば、パウロは「非常に黙示的な人物であったとも考え」られるという（浅野『死と命のメタファ』173頁）。

26) Beker, *Paul's Apocalyptic Gospel*, 18-19.

る。パウロは現在の苦難と来るべき栄光（ロマ 8:18）を対比させ、神の栄光
は現在の苦難の中に現れると書いている。第三に、現在すでに新しい時代は
始まっている、ということである。Ⅰテサ 2:12 にある「神の国」は、パウロ
の真正書簡では 8 回しか用いられていないが、それは、現在すでに実現して
いると考えるからである[27]。Ⅰテサロニケ書ではこの黙示的終末論的確信か
ら先に挙げた信仰内容―― ①神の言葉として受け入れた一神教信仰、キリス
トの復活、神の来るべき怒りからの救い、②隣人愛、兄弟愛、③キリストを模
範としてキリストと共に生きること――が教えられた。このように信徒たち
は黙示的終末論の教えによって、歴史の終わりから現在を規定するという、
歴史外の視点を与えられるのである。

　すでにⅠテサロニケ書ではキリストの来臨を待つこと（1:10）がテサロニ
ケの人々の行動を支える原理となっていることを観察した。同時にパウロは
5 章で、その時が実際にいつであるかを問うことを戒めている（1 節）。信徒
はキリストの来臨を待ち、それがいつであろうと常に現在を、終末を待って
いる時として生き、希望を持ち続けるように促す。

　　5:1-2　だからそれがいつ、どのような時機かについては、兄弟たちよ、
　　あなたがたは書いてよこされる必要はない。なぜなら、あなたがた自身
　　が正確に知っているように、主の日は夜、盗人のように来るからである。

それゆえパウロにおいては終末の遅延が問題になることはない。ベカーは遅
延という事態を認めつつも、それは信仰者の態度に変化をもたらさないと考
えている。十字架と終末との間の時間はその長さによらず、献身、決断、伝
道、忍耐のための時間であり、信仰者は相変わらず忍耐をもって終末に備え

---

27)　Beker, *Paul's Apocalyptic Gospel*, 143-145. S. ルイスはベカーの主張を、パウロ神学の根
底には、キリストの死と復活によって確実にされた、神の支配が貫徹する未来があり、キ
リストの来臨において被造世界に神の摂理が実現する、とまとめている（ルイス、吉田訳
『新約聖書と黙示』64-84 頁）。パウロはユダヤ教の黙示思想から神の正義の貫徹、普遍主
義、二元論、切迫性という四つの基本要素を受け継ぎつつ、キリスト教的変更を行い、キリ
ストの来臨を語っている。

つつ、神が目的を果たし、神がキリストにおいて約束したことの成就を待つことを求められるからである[28]。

　ベカーは、神の宇宙論的勝利がパウロの黙示的終末論の特徴であるとしながらも、それを現代の教会で伝えることの難しさも認めている。それでもベカーは、パウロの黙示的終末論的希望は現代人にとっても重要であるという。それによれば、人は終末に神の前で、自分がいかに神の創造世界に責任を持ち、神の国の支配のしるしや実現のために働いたか、自ら説明する責任を負っているからである。またキリスト者が神の勝利を信じることは、世界の全秩序に関わることであり、それゆえ希望は被造物であるすべての人に関わり、信仰者はすべての人を隣人として共に終末を待つのである。したがって人は、自分の信仰や文化を他より優先させるような孤立から解放され、相互依存する多元的な世界へ向かわねばならない[29]。

　さらにこのような黙示的終末観は、現代においても個人的なものではなく、新しい創造という全宇宙的視野を持たせてくれるゆえに重要である。なぜなら、それは個人的次元で終末を捉える視点とは対照的だからである。この相違を明確にしている一つの具体的事件を以下で考察したい。

　1995年3月20日の「地下鉄サリン事件」を引き起こしたオウム真理教は、世の終わりを予言し、朝の通勤時間帯に東京の霞ケ関駅を通過する3つの地下鉄路線を走る5つの車両に猛毒ガスを散布し、死者13名、負傷者5800人以上という被害を及ぼした。この事件をきっかけにして「ハルマゲドン」という聞き慣れない言葉が新聞やテレビで聞かれるようになった。その宗教の信者たちが信じていたことの一つに世の終わり、ハルマゲドンが近いという教祖の予言があったからである。

　この事件を取材したアメリカの心理学者R. リフトンは、この事件が反社会的テロによって日本社会に完全に反する行動をとりながらも、その行動原理はまったく伝統的日本的であり、この事件はまったく日本的現象であったと指摘している。リフトンはちょうど第二次世界大戦中に日本の多くの兵士

28）　Beker, *Paul's Apocalyptic Gospel*, 120.
29）　Beker, *Paul's Apocalyptic Gospel*, 105-121.

が天皇のために命を捧げたように、このカルト集団において信者はリーダー
に命を捧げたと分析するのである [30)]。

　しかし、世の終わりについて考えることは、将来に起こると約束されてい
る希望を確認し、もう一度現在のあり方を建設的に批判、評価するというこ
とである。その両面が終末論には必要である。たとえば現在に不満があると
いって将来の希望を語り、現実逃避することになってはならないし、かとい
って終わりについて考えることを避けることもないようにしたい。個人も、
人間の社会も、人類さえもすべて有限であり、このように限界づけられてい
るゆえに、わたしたちは個性を持っているとさえ言えるのである。それゆえ、
終わりへの意識は、わたしたちの真の姿、人間とは何か、自分とは何者か、ど
こから来てどこに行くのか、といった問いに目覚めるきっかけとなるはずの
ものである。

　このような態度は、R. ニーバーによって主張される「聖なる熱狂」という
概念によって主張されている。ニーバーは、個人的道徳主義では社会正義は
実現できないことを問題にした『道徳的人間と非道徳的社会』[31)] の中で、「聖
なる熱狂」という概念を用いて以下のように語る。

　　宗教が人間精神にもたらす特別の賜物とは、敵のなかにある悪が自分の
　　なかにもあることを認めるという悔い改めの態度であり、また社会的闘
　　争のなかにありながらもすべての人間は同胞であると主張する愛の心情
　　である。世俗的想像力は、こういうものを生み出すことはできない。な
　　ぜなら、それは、目に見える現象を無視し、深い究極的な結合を主張す
　　る聖なる熱狂（a sublime madness）なしには不可能だからである [32)]。

---

　30)　Lifton, *Destroying the World to Save it.* 天皇制と天皇制に深く影響される日本人の行動
様式については、フィールド、大島訳『天皇の逝く国で』参照。

　31)　Niebuhr, *Moral Man and Immoral Society*（ニーバー、大木訳『道徳的人間と非道徳的
社会』）。

　32)　ニーバー、大木訳『道徳的人間と非道徳的社会』268 頁。大木はこの「聖なる熱狂」
という訳をするにあたり、次のように解説している。「彼は、その叡知の限りを尽くして現
実の諸問題をリアリスティックに洞察分析し、これまでの解決の試みを批判し抜いた後で、
政治の課題の達成を求めてか、この祈り（セレニティ・プレーヤー）の宗教的雰囲気のな

　現実を冷静に受け止め、決して絶望することなく、主の到来を待ち望むこと——その姿勢はちょうどIテサ5:1-2において、パウロがいつ終末が来るかは論じることなく、それでも終末論的視点を持って現在を生きるように励ますパウロの姿勢である。このようなパウロの終末論的態度は、ニーバーの言葉を用いれば「聖なる熱狂」と特徴づけることができるのである。

かで、a sublime madness（この奇妙な概念をわたしは『聖なる熱狂』と訳した）を語り出す。……ニーバー自身も政治の絶望とたたかっているのかもしれない。だから『聖なる熱狂』を求めるのであろう。……そして、『人類の人間集団は完全な正義を実現できる』という幻想を『きわめて価値高い幻想』として肯定し、こう言うのである。『というのは、もしも完全に実現できるという希望が魂のなかに聖なる熱狂を生み出さない限り、正義は（その現実へと）接近せしめられえないからである』。当時、世界はマルクス主義全盛の時代であった。幻想の危険をニーバーは知り尽くしている。しかし、本書の最後をこの言葉で終わる。『幻想は、それが恐るべき狂信を助長するゆえ、危険である。それゆえ、それは理性のコントロールのもとにおかれねばならない。ただ願わくは、幻想がその仕事を終わってしまうまえに、理性がそれをこわすことがないようにということである』（本書二九〇ページ）。こうしてニーバーはマルクス主義から離れ、彼自身の『クリスチャン・リアリズム』に向かった」（「解題＝訳者あとがき」298頁）。

第2章　Iテサロニケ書における十字架の神学

1. 研究の課題

　青野太潮が一貫して主張したキリスト理解は、「十字架につけられたまま
のキリスト」である。キリストの「復活を苦難から切り離して捉えること
はできない」という視点から十字架を理解する。それはIコリ 2:2「私は十
字架につけられたキリスト以外のことはあなたがたの間では何も知るまい、
と決心した」の「十字架につけられた」が現在完了形であり、ギリシア語の
現在完了形には継続の意味が含まれていることに根拠がある [1]。同じ理由で
ガラ 3:1 の訳も、「十字架につけられ給ひしままなるキリスト」（文語訳）が
ふさわしいという [2]。青野は「今もなお十字架につけられてしまったままの
姿をしておられる方こそが、復活のキリストなのだ」、「復活のキリストを十
字架から切り離して、つまり復活を苦難から切り離して捉えることはできな
い」という。「弱いけれども、否、弱いからこそ同時に強い、愚かであるが、
同時に賢い、つまずきであるが、同時に救いでもある、律法によって呪われ
たものであるが、同時にそれは神の祝福で」あり、「弱さ」と「恐れ」と「不
安」を担い続けているキリストを神は復活させ、その復活したキリストは今
もなお、十字架につけられたままの姿を取っている、と青野は主張する [3]。そ
してこの逆説こそが、信徒の生を根底から決定づけるという。この「復活を
苦難から切り離して捉えることはできない」という青野の主張によれば、パ
ウロが宣べ伝える十字架は、順接的ではなく逆説的である。このことは、パ
ウロの最初期の手紙であるIテサロニケ書の苦難の理解にも当てはまる。

---

1)　青野『十字架につけられ給ひしままなるキリスト』86 頁。
2)　青野『最初期キリスト教思想の軌跡』85 頁。
3)　青野『最初期キリスト教思想の軌跡』169 頁；青野『十字架につけられ給ひしままな
るキリスト』200 頁。

　Ⅰテサロニケ書は、現存するパウロ書簡の中でも最初に書かれたと考えられている [4]。その内容は、テサロニケ伝道の様子を振り返り感謝する記述が1-3章を占め、その感謝に基づいて4-5章の励ましが述べられる。その励ましの内容は、兄弟愛について、主の日についてである [5]。Ⅰテサロニケ書の議論は、Ⅰコリント書における十字架の神学や、ローマ書における信仰義認論などのような神学的洞察には至っていないといわれる [6]。この手紙に顕著なのは全体にわたる黙示的終末論であり、それを土台に苦難の意味づけがなされている。それはのちにⅠ、Ⅱコリント書、ローマ書に受け継がれていくものである [7]。

　Ⅰテサロニケ書においては、現在が黙示的終末論の立場で理解され、それを土台に苦難の意味づけがなされる。それは青野が議論した、「十字架の神学」が信徒の生を決定づけているということが、Ⅰテサロニケ書においても語れるということではないだろうか [8]。

---

　4)　Ⅰテサ3:1-10によって、この手紙はパウロの第二伝道旅行中に書かれたと考えることが一般的である。

　5)　Friedrich, "1. Thessalonicher 5,1-11 der apologetische Einschub eines Späteren," 288-315 は、5:1-11を後代の挿入と考える。しかし本稿では、これから議論するように、5:1以下の黙示的終末論と励ましが密接に結びついていると考えており、Ⅰテサロニケ書の統一性を主張したい。Ⅰテサロニケ書における黙示的終末論と励ましの密接な関係については特に、ガヴェンタ、野田訳『テサロニケの信徒への手紙1、2』126-142頁を参照。

　6)　Ⅰテサ1:9, 10は、テサロニケの人々が信じ、伝えたためにマケドニアやアカイアに広がっている教えの内容を要約しているが、確かにそこには十字架の神学、義認、神の恵みについてのⅠコリント書、ローマ書におけるような洞察はない（Bruce, *1 & 2 Thessalonians*, 18）。ここでの中心的関心は使14:15におけるような、偶像の神から離れて、生ける真実なる神に立ち返ることである。しかしライトのごとく、「福音」は「イエス・キリストが主であると宣言すること」であり、「イエスが主であることを告げ知らせること」である。そして「福音が宣言されるとき、人々は信仰を持ち、神によって、神の民であるとされ」ると考えるならば、「福音」において「人々がどのように救われるかの説明」である信仰義認が書かれていないことは、本質的なことではない（ライト、岩上訳『使徒パウロは何を語ったのか』259頁）。

　7)　門脇『パウロの中心思想』39頁。

　8)　de Boer, "Paul and Apocalyptic Eschatology," 349-350によれば、パウロは「すでに」と「いまだ」という対比や「この世」と「来るべき世」との対比などに表現される二元論的理解を、ユダヤ教に由来する終末論的黙示思想から受け継いでいる。また、ベッカーによれば、パウロの福音にはユダヤ教の黙示的終末論に由来する、四つの重要な要素が引き継が

そこで以下では、「2. Iテサロニケ書における黙示的終末論」、「3. Iテサロニケ書における苦難の思想」、「4. 十字架の賜物」、「5. Iテサロニケ書における十字架の神学」について、順次検討する（以下、聖書の訳は私訳）。

2. Iテサロニケ書における黙示的終末論

2.1. 苦難における希望

　門脇によれば、ユダヤ教の終末論はパウロにおいて修正を受けているが、待望論はむしろパウロにおいて、いっそう強められているという[9]。希望と忍耐がパウロの黙示的終末論の中心的表現である[10]。確かに、苦難の中で希望して待つという勧めはIテサロニケ書に顕著に見られる。

　まず、1:3「わたしたちは、わたしたちの神であり、父なる神の御前で、あなたがたの信仰による行いと、愛による労苦と、わたしたちの主イエス・キリストに対する希望による忍耐を、思い起こしている」では、テサロニケの信徒が「希望によって忍耐」していると言われる。希望し、どんな困難にもくじけず耐え忍ぶパウロと信徒たちは、神が終末に向かって導き働いていることの目に見える証しとなる。

　続いてパウロたちはテサロニケの信徒に宛てて、その「信仰による行いと、愛による労苦と、希望による忍耐」を「思い起こして」いると語る[11]。希

れているという。義認、普遍主義、二元論、切迫（vindication, universalism, dualism, imminence）である（Beker, *Paul's Apocalyptic Gospel*, 29-53）。

9)　門脇『パウロの中心思想』46-48頁。

10)　Beker, *Paul the Apostle*, 147.

11)　思い起こす内容は、「思い起こす」(μνημονεύοντες) の目的語として、3つの属格で「行い……労苦……忍耐」(τοῦ ἔργου … τοῦ κόπου … τῆς ὑπομονῆς) と書かれている。これら3つの説明として、それぞれに属格で「信仰」「愛」「希望」が続けられる。これらの属格はいずれも目的または効果・結果を表す属格（岩隈訳註『パウロ初期書簡』8-9頁）であり、パウロたちが思い起こして感謝する内容は「あなたがたの信仰による行いと、愛による労苦と、わたしたちの主イエス・キリストに対する希望による忍耐」なのである。またパウロは、「行い」(ἔργον) と区別して「労苦」(κόπος) という語を用いて、テサロニケ文書では教会に負担をかけないために自ら行う困難な手仕事（Iテサ2:9; IIテサ3:8）、また宣教の働き（Iテサ3:5）を意味する。Fendrich「κόπος」365頁。

望とはキリストにおいて神が始めた働きを神が完成することへの希望であり、この希望の結果として生じる忍耐によってテサロニケの信徒は生きる。信仰、愛、希望の三つはⅠテサ 5:8 でくり返されるほか、Ⅰコリ 13:13; ガラ 5:5-6; ロマ 5:1-5; コロ 1:4-5、またパウロ書簡以外でもヘブ 10:22-24; Ⅰペト 1:21-22 にも見られ、慣用的表現として使われている。ただしⅠテサロニケ書のこの箇所では希望が最後に置かれ、三つの中で最も重要なものとして主張される。それは希望に対してのみ、「主イエス・キリストに対する」という明示があることから明らかである[12]。希望は、神がキリストにおいて始めた働きが完成されるまで、すなわちキリストの来臨が現実となるまで、「信仰による行いと、愛による労苦」を支える。逆にいえば、Ⅰテサロニケ書における希望の強調は、この手紙に終末への関心が強いことを示している。そしてこれらの信仰、愛、希望がテサロニケの教会の信徒に備わっていることを、「わたしたちの父なる神の御前」（ἔμπροσθεν τοῦ θεοῦ καὶ πατρὸς ἡμῶν）で思い起こし、感謝するのである[13]。

2.2. テサロニケの信徒の信仰における黙示的終末論

2.2.1. Ⅰテサ 1:9-10

Ⅰテサロニケ書において、テサロニケの信徒が信じた内容を要約している箇所が 1:9-10 である。ここではパウロたちによってキリスト者になったテサロニケの信徒の宣教を受けて、マケドニアとアカイアの人々がパウロたちについて語っている内容が述べられ、10 節に至って終末論的救いを待望す

---

12) 希望に続く属格（τοῦ κυρίου）を対格的属格と理解すると、「わたしたちの主イエス・キリストに対する希望」である。

13) ἔμπροσθεν は、2 つの前置詞、ἐν と πρός に方向を表す語尾 θεν から合成され、ヘロドトス、プラトン、クセノフォンにおいては形容詞的また副詞的意味で、場所（前に、前へ）、時間（前から）、優劣（より多く、優れて）を意味する。マタイ福音書では終末の裁きとの関連で 25:32（裁き）、26:70; 27:11, 29（審理）に用例が見られる。この延長で理解すれば、パウロはこの語を来臨における神の前でという意味で、Ⅰテサ 1:3; 2:19; 3:13 でも用いている（Kretzer「ἔμπροσθεν」509-510 頁）。1:3 では「神の御前で」（ἔμπροσθεν τοῦ θεοῦ）、つまり来臨における神の前でと言われる。

る様子が語られる ¹⁴⁾。

　1:9-10 では、テサロニケの信徒は「天からの御子」を待ち、希望する者たちである。このような黙示的終末論の希望がパウロと信徒たちを「生かす知」として働いたことは明らかである ¹⁵⁾。神がパウロやテサロニケの信徒たちの宣教活動において働き、終末に向けて「歴史を動かして」いるからこそ、パウロもテサロニケの信徒たちも希望を持って忍耐し、この神の意思に従って生きることができるのである ¹⁶⁾。

　9 節はまず、パウロとシルワノとテモテがテサロニケに「来た」状況を振り返る。彼らはフィリピからテサロニケに逃げるようにして大都市に流れ着いた、疲れ果てた旅人であった。それでもテサロニケの信徒は、パウロたちが宣べ伝える神が「生ける真実なる神」であり、それまで自分たちが信じていたのは「偶像」であると認め、「偶像から立ち返」っただけではなく「真実なる神に仕え」、「天からの御子を待つ」ようになったとパウロは書いている ¹⁷⁾。

　テサロニケの信徒はパウロ、シルワノ、テモテに倣い、「神が死者の中から起こした御子、すなわち、わたしたちを来るべき怒りから救い出すイエスが天から（下るのを）待つようになった」。この「待つようになった」とはテサロニケの信徒が今そうしている、というだけでなく、これからもそのようにするようにとの励ましを含んでいる。テサロニケの信徒は天にとどまる救い主の来臨を待ち続けるのである。来臨についての言葉は、Ⅰテサロニケ書においては引き続いて手紙本論の各箇所に見られる（2:19; 3:13; 4:13-17; 5:1-11）。ラッケンスマイヤーは、パウロの勧告は来臨の教えに基づいて語られる

---

14)　ホルツ、大友訳『テサロニケ人への第一の手紙』67 頁。
15)　門脇『パウロの中心思想』46 頁。
16)　大貫『イエスの時』189-236 頁；門脇『パウロの中心思想』48-49 頁。
17)　Légasse「ἐπιστρέφω」71-72 頁によれば、この語がキリスト教への回心について使われているのは、Ⅰテサ 1:9 とⅡコリ 3:16 である。古い信仰内容に決別した者は、さらにイエス・キリストがもたらす救いを得るために神へと向きを変え、帰依しなくてはならない。天から来るキリストを待ち望むことについては、フィリ 3:20 にも書かれている。またキリストによって終末時の怒りから救われる望みについては、ロマ 5:9 にも書かれている。

事例が多いことを観察しており、来臨の教えが I テサロニケ書を理解する鍵であるという [18]。さらに来臨について詳細な説明は少ないゆえに、すでに了解されている来臨に根拠づけられパウロは語ると考えられる。

2.2.2. I テサ 5:9-10

1:9-10 で語られた来臨と救いをくり返す 5:9-10 では、「なぜなら、神はわたしたちを怒りではなく、わたしたちの主イエス・キリストによって救いを得るように定めたからである」とやや回りくどく語る [19]。神がわたしたちを「救いを得るように定めた」(9 節) の動詞「定めた」(ἔθετο) は、誰かを何かに指名する (定める) と言うため、2 つの目的語を取る。すなわち「わたしたち」と、救いの「所有」(περιποίησις) である。「わたしたち」が、来臨に際して与えられる救いをすでに所有している、確保しているという、確かなこととして語るのである [20]。10 節はこれを内容的により強く展開する。

(イエス・キリストは) わたしたちのために死に、それはわたしたちがたとえ目覚めていても眠っていても [21]、彼と共に生きるためである。

この節は、I テサロニケ書で最もはっきりとキリストの死によってもたらされる救いについて語る。イエス・キリストの死はわたしたちのためであり、わたしたちが彼と「共に生きるため」だという。これは信徒を生かす十字架の賜物である。この点は、のちに詳論する。

---

18) Luckensmeyer, *The Eschatology of First Thessalonians*, 73.

19) 5:9 で用いられている「所有」(περιποίησις) は、LXX、新約聖書で使用が少なく、どのように訳すかについては議論がある。単に「得る」というよりも維持、確保、獲得、所有を意味し、属格と共に救いの所有、維持、確保を表す。ここでは救いは終末における神の怒りからの救いであり、神がその救いの所有を確かにする。同じ語は、II テサ 2:14 では栄光の「維持」と訳される。

20) Best, *The First and Second Epistles to the Thessalonians*, 216-222.

21) 死んだ人を「眠る」と表現するのは、ダニ 12:2 (LXX)、詩 88:5 (LXX87:6) に例がある。

2.3. 黙示的終末論の消極的表れとしての「怒り」

2:14 でテサロニケの異邦人信徒たちが同郷人からの無理解や迫害に遭うこと、2:16 では迫害者には神の怒りが下ることが語られる [22]。迫害という状況下でパウロは、忍耐しつつ終末的希望によって信仰生活を送るようにと励ましている [23]。このような「わたしたちを来るべき怒りから救うイエス」によって救い出される「わたしたち」と対照的に、怒りに定められた人々がいる。希望が黙示的終末論の肯定的表れであるとすると、消極的表れである「怒り」（ὀργή）は、新約聖書で 36 回用いられる中で、ローマ書で 12 回、Ⅰテサロニケ書で 3 回用いられ、いずれも終わりの日に下される神の裁きについて語る。神の恵みと正義がもたらされるとき、同時に正義の貫徹としての裁きが起こる [24]。Ⅰテサで 3 回使われる「怒り」のうち 2:16 のみで、怒りはすでに明らかにされているかのように書かれている。ここでパウロはすでに裁きが起こってしまったと考えているようであるが、どうだろうか [25]。岩波訳はすでに起こったこととして訳す。「そこで〔神の〕怒りは、ついに彼らの上に臨んだのである」と、怒りがすでに到来したものと捉えて訳している [26]。しかしこのようにユダヤ人を断罪する発言はパウロでは例外的である。たとえばロマ 9-11 章は、ユダヤ人のための弁明であり、ユダヤ人を断罪していない。またロマ 1:18 は神の怒りがこれから現されると読むことができる。そこでⅠテサ 2:16 も黙示的期待の一つである消極的な表現として、これから起こることの予告として考えてよいのではないだろうか。そこで筆者はこの箇所

---

22)　怒りに定められた人々の断罪はⅡテサロニケ書では徹底しているが、これから議論するように、Ⅰテサロニケ書では終末の出来事として「怒りが下る」と言われるのみにとどまる。両書の来臨の描写の違いについての興味深い研究は、Lindemann, "Zum Abfassungszweck des Zweiten Thessalonicherbriefes," 228-251.

23)　原口『パウロの宣教』25 頁。

24)　Fee, *The First and Second Letters of the Thessalonians*, 197. マタ 3:7 並行ルカ 3:7 におけるバプテスマのヨハネの言葉を参照。他にロマ 2:5, 16。

25)　ロマ 1:18 も、その怒りはすでに明らかにされたと理解する注解者もいるが（Bruce, *1 and 2 Thessalonians*, 20）、「明らかにされる」（ἀποκαλύπτεται）は現在形である。青野は「神の怒りは天からあらわされる」と訳している（青野訳「ローマ人への手紙」6 頁）。

26)　青野訳「テサロニケ人への第一の手紙」207-222 頁。

を、「わたしたちが諸民族に、救われるように語ることを妨げ、こうして絶え
ず自分たちの罪を満たしているからである。そして最終的に、怒りが彼らの
上に下ることになる」と訳し、将来のこととして理解する。

テサロニケの人々のほめられる行いと対照的に、断罪されるべき行いを極
端に書いているのであるが 27)、ここで意図されていることは、1:10 や 5:9 の
ように終末時に下る怒りである。ここで εἰς τέλος を「最終的に」と理解し、
全体としては、「怒りが彼らの上に下る」と訳すことが適切である 28)。「下る」
というアオリスト時制の動詞を過去の一回性としてではなく、時間を「限定
しない形」として理解し、「怒りが下る」とだけ言っていると理解するので
ある 29)。そうであれば、黙示的終末論の消極的表れの一つとして、神の怒りが
描写されていると理解することができる。

3. I テサロニケ書における苦難の思想
──終末論的視点から見た苦難

終末への視線はパウロの苦難の理解へと展開される 30)。この終末論的視点
で苦難を捉え、苦難に定められている、苦難にもかかわらず慰められる、と
いう考え方が I テサロニケ書で観察される。

3.1. 苦難に定められているという理解
まずパウロは自分たちの働きを述べる。

---

27)　Furnish, *1 Thessalonians, 2 Thessalonians*, 72.

28)　これに対して、以下は神の怒りはすでに下ったとする訳である。すでに述べたよう
に、青野訳「ついに彼らの上に臨んだのである」(「テサロニケ人への第一の手紙」214 頁)。
田川訳「怒りは究極的に彼らに臨んだ」(「テサロニケ人の教会へ、第一」111 頁)。聖書協
会共同訳「極みまで彼らの上に臨みました」。口語訳「最も激しく彼らに臨むに至ったの
である」。過去のこととして訳していない訳としては以下がある。岩隈訳「永久にかれら
の上に臨んでいる」(『パウロ初期書簡』21 頁)。新共同訳「余すところなく彼らの上に臨
みます」。

29)　アオリスト時制は一回的過去ばかりでなく、時を「限定しない形」である (田川「ヨ
ハネ福音書」621 頁)。

30)　大貫『イエスの時』207 頁。

2:2　あなたがたが知っているように、わたしたちは以前フィリピで苦しめられ、侮られたけれども、わたしたちの神において、あなたがたに多くの苦闘の中で、かえって大胆に神の福音を語った。

ここでは、福音に仕える中で受けた苦しみにもかかわらず、福音を敢えて語ったことを振り返る[31]。1:6 では、この考えがテサロニケの信徒についても言われる。2:19-20 では、苦難を受けても信仰を持ち続けるテサロニケの人々が「主イエスが来る時、彼の前で」、つまり来臨のイエスの前で「あなたがたこそわたしたちの栄光、喜び」だと言われる。苦難の意味は 3:3 でもう一度強調され、3:7 では信徒たちの苦難によってパウロたちが慰めを受けると語られる。3:3 及び 7 節で語られているのは、Ⅰテサロニケ書において、信徒は苦難に定められているということである[32]。

3:3　誰もこれらの困難によって動揺させられることがないためである。あなたがた自身が知っているように、わたしたちはこのことのために定められている。

3:7　それゆえ兄弟たちよ、わたしたちの多くの困難と苦しみにあっても、あなたがたによって慰められた。

パウロはテサロニケの信徒が迫害を受けている状況を「困難」(θλῖψις) (困難、艱難、苦難、苦しみ、苦労、迫害) と表現している[33]。困難な時に、テサロニケの

---

31)　圧迫と苦難が福音の自由な宣教につながる、という逆説的な表現によって、それらが使徒の存在に不可避であることが、Ⅱコリ 4:8-12; 6:4-10; 11:23-33; 12:9-10; Ⅰコリ 4:9-13; フィリ 2:17; コロ 1:24 で言われていることに通じる (ホルツ、大友訳『テサロニケ人への第一の手紙』74-77 頁)。

32)　門脇によれば、パウロには、艱難をただ耐え忍び、苦難の終わりを期待するだけではなく、神の栄光は苦難のまっただ中で現れるようになるという (ロマ 5:2) 思想的展開があるという (門脇『パウロの中心思想』210 頁)。

33)　θλῖψις は、LXX でイスラエル民族の重大な危機 (出 3:9; 4:31; Ⅰマカ 9:27)、あるいは

信徒たちが「動揺させられる」(σαίνω) ことのないように、そのためにわた
したちは「定められた」(κεῖμαι)。「横たわっている、定められている」の意
味で用いられる κεῖμαι は、神学的な意味を持つ文脈では「(神によって) 定め
られている」ということを意味する [34]。3:3「このこと」、つまり終末時の苦
難へと定められていると書かれているので [35]、パウロたちとテサロニケの信
徒たちが直面している困難、迫害には終末論的意味合いがあることになる。

3.2. 苦難による慰め

3:7 ではテサロニケから帰ってきたテモテの知らせによって、パウロたち
が現在の「困難と苦しみ」にもかかわらず、慰められたという。具体的には
第二伝道旅行における困難な問題のことで、文脈はこの箇所が「終末論的な
体験の響き」を伴うという [36]。同じように I コリ 7:26 以下は「終末論的な困
窮の時代」として現在を描き、その確信によって主の事柄に専心するように
励ます。つまり使徒的な職務は「強制」(ἀνάγκη) として彼に課せられたも
のである [37]。このように苦難を描写し、さらにパウロは苦難において、パウロ

終わりの時の艱難 (ダニ 12:1; ハバ 3:16; ゼファ 1:15) を意味した。なお、1QM『戦いの書』
1:12 では「苦難」と訳されている (日本聖書学研究所編『死海文書』129 頁)。また A. ス
トローベルは、1QM 15:1 で「クムラン宗団は『イスラエルにとっての苦難の時代』とい
うことを専門語として語っている」という。またこの語は、本来迫害に限らず様々な困難
を指す言葉であるが、パウロはこの語によって自らの使徒としての困難を表現している
(II コリ 4:8-12, 23-33)。その点では 3 節の κόπος と同様である。Strobel「ἀνάγκη」110-
112 頁。

34) ルカ 2:34 参照。

35) Hübner「κεῖμαι」336 頁。

36) Strobel「ἀνάγκη」110-112 頁。

37) ἀνάγκη は、ユダヤ教言語圏において艱難の意味で通常用いられていた θλῖψις と同義
であるが、ギリシア語圏に由来し、ヘレニズム世界で神格によって要求された宿命的な「強
制」という意味を持っていたという。同じ意味で II、III、IV マカバイ記 (LXX)、アリステ
アスの手紙、フィロン及びヨセフスの著作において用いられている (Strobel「ἀνάγκη」)。
それゆえユダヤ教、キリスト教においては本来の宿命論的意味合いでなく、神の摂理と前
もって計画されていた救いの行為を表現するようになる。さらに原始キリスト教において
は終末論と結びつき、物質的にも精神的にも困窮にさらされていたキリスト者の状況を、
終わりの日を迎えるために必然的な苦しみと捉えている。

たちもテサロニケの信徒たちもキリストに似た者になるという。1:6; 2:14,
19 では、苦難は信仰者をキリストに倣う者にすると言われる。ここには苦
難が徹底されるところに神の力が働くという、「十字架の神学」が読み取れ
るのではないだろうか。

4. 十字架の賜物——キリストに倣う者

　以上観察したⅠテサロニケ書の現在理解には、来臨を待ち、苦難において
神の栄光の現れを待つ時にあって、その神との親密な交わりが読みとれる。
それは十字架の賜物である [38]。というのは、信仰、愛、希望の霊的力に強め
られた信徒は、その業と労苦、忍耐を通して人格形成がされ、キリストに倣
い、似た姿になるからである。このことは大貫隆の苦難理解とも一致する。
大貫は、パウロが伝道の苦難を述べるⅡコリ 6:2 を挙げて、「苦難に満ちた
『今』がそのまま『絶好の時』(時機)、『救いの日』だとい」うことに注目し、
「この時間的に表現された逆説は、『……のようでいて、(実は) ……ではな
い／……である』、あるいは『……する者たちは、あたかも……しないかの
ように』が含んでいる逆説」であり、「それは、『使命』(召命)は『苦難』と
『弱さ』を滅却したところで遂行されるのではなく、それを『用いて』遂行
されるという逆説である。『使命』が『苦難』と『弱さ』を乗り越える」と
いう [39]。テサロニケの信徒がキリストに倣う者になると言われる箇所は、次
の 1:6 と 2:14 の 2 箇所である。

4.1. 希望
　希望は持ちこたえる力を生み、業、労苦、忍耐が主キリスト・イエスに由
来し、信徒の中で働くことを通して信徒の人格が形成され、キリストに倣い、
似た姿になる (1:3) ので、「多くの困難の中で、あなたがたは聖なる霊の喜
びと共に御言葉を受け入れたので、わたしたちと主に倣う者 (μιμητής) とな

---

38)　門脇『パウロの中心思想』46-50 頁。
39)　大貫『イエスの時』210 頁。

った」(1:6) という。パウロたちとテサロニケの信徒が「わたしたちと主に
倣う者となった」というのは、使徒たちと主の苦難に倣い、苦難を受けるキ
リスト教徒になったということである [40]。「倣う者」(μιμητής) が現れる新約
聖書中 11 箇所のうち 8 箇所は、パウロ書簡である。パウロは使徒として受
ける苦難を、キリストの十字架の苦難と重ねて理解する（ガラ 6:17; フィリ
3:10; ロマ 8:17; Ⅱコリ 4:10, 14) [41]。同じことがテサロニケの信徒にも求められ
ている。

4.2. 栄光

> 2:14　そして、兄弟たちよ、あなたがたは、キリスト・イエスにおいて
> 神の教会であるユダヤにある教会に倣う者（μιμητής）となった。ちょ
> うど彼らがユダヤの人々から苦しめられたように、あなたがたも同郷の
> 人々から様々なことで苦しめられたからである。

> 2:19　しかし、あなたがたではなく誰が、わたしたちの希望、喜び、誇り
> の冠であろうか。わたしたちの主イエスが来る時、彼の前で、あなたが
> たではないか。

パウロはテサロニケの信徒を「希望、喜び、誇りの冠」と語る。パウロには
キリスト者の生を運動競技の競走になぞらえている箇所がある（Ⅰコリ 9:24-
26; ガラ 2:2; 5:7; フィリ 2:21; 3:12-14）。それらの箇所で、運動競技で勝者が得
る冠を「朽ちる冠」、キリスト者が得る永遠の命は、「朽ちない冠」という。
またⅠテサ 2:20 では「当然あなたがたこそわたしたちの栄光、喜びである」
という。
　「栄光」(δόξα) は究極的には神にのみ属する。何が神の栄光にふさわしい
かというと、それは特に「神が示した救いの意志に対する感謝である。神に

---

40)　大貫『イエスの時』49 頁。
41)　ホルツ、大友訳『テサロニケ人への第一の手紙』56-57 頁。

ふさわしい栄光を神に帰すること、それがパウロたちにとっての栄光であり喜びである」[42]。このように苦難を徹底し、キリストに倣う者となり、来臨において栄光を受けること、これがⅠテサロニケ書で語られる十字架の賜物である。

5. Ⅰテサロニケ書における十字架の神学

　以上の考察をまとめると、Ⅰテサロニケ書における十字架の神学は、苦難を徹底的に引き受けることである。その果てに今、生きていても死んでいてもイエス・キリストと共に生きることになる。それは 5:9 について議論したように、今すでにテサロニケの信徒は救いに定められており、来臨に際して与えられる救いをすでに所有しているからである。これがパウロの理解する黙示的終末論によって語られる、現在の時である。それゆえ 10 節では「目覚めていても眠っていても」、つまり今、生きていても死んでいてもイエス・キリストと「共に生きる」と語る。

　青野は「十字架の神学」で語ってきた逆説を、M. スコット・ペック『平気でうそをつく人たち』の言葉で言い換えている。「犠牲者が勝利者になるといったことが、どのようにして起るのか、私は知らない。しかし、それが起るということだけは知っている。善良な人が自らの意志で、他人の邪悪性に突き刺され——それによって破滅し、しかもなお、なぜか破滅せず、ある意味では殺されもするが、それでもなお生き続けて屈服しない、ということがあることを私は知っている。こうしたことが起るときには、つねに、世界の力のバランスに僅かながらも変化が見られるのである」[43]。Ⅰテサロニケ書においては、十字架の逆説の救済力について明確な言及はなく、むしろ前提されている。しかしキリストの苦難に倣う信徒の苦難が、来臨において栄光を受けることになることについては明確な言及がある。これがⅠテサロニ

---

42)　Hegermann「δόξα」398 頁。
43)　青野『十字架につけられ給ひしままなるキリスト』204-205 頁。引用はペック、森訳『平気でうそをつく人たち』329-330 頁より。

ケ書における「十字架」の理解であり、来臨の教えが中心であるⅠテサロニケ書で明確に展開されるのである。

第3章　贖罪論と現代の教会
──パウロによる参与のキリスト論──

1.「現代の教会」の課題

　W. パネンベルクは、論文「プロテスタント的敬虔と罪責意識」の中で「キリスト教的敬虔のうちに含まれる罪責意識の批判」を展開し、現代プロテスタントキリスト教会に頻繁に見られる「道徳的回心を迫る説教」の見直しを求めている[1]。パネンベルクはその論考を、ルターが説く信仰義認は〈extra nos〉すなわち、わたしたちの「外から」なるキリストへ信仰者が参与することであったと指摘することから始めている[2]。そこから現代プロテスタント教会の「道徳的回心を迫る説教」まで、どのような変遷をたどるのであろうか。

　罪責意識そのものは、普遍的で人間の経験において広く認識されるものであり、多くの宗教的伝統において重要な要素であるが、特にユダヤ教において自覚され、キリスト教において特別な意義を持つようになったという。いうまでもなく「キリスト教の使信はイエス・キリストの死による罪の赦しと罪の力からの贖いと緊密に結びついている」[3]。特に西方キリスト教においては、アウグスティヌスの原罪の教義とそれによって発達した悔悛の制度が、罪責意識を中世的敬虔の中心に据えることになった。というのは、初期キリスト教においては、罪や咎は洗礼によって一回限り完全に赦されるものと考えられ、初期のキリスト者たちは「キリストとの交わりによって得られる、罪と死から自由にされたという喜びによって」生きたのであるが、2世紀末

---

1)　パネンベルク、西谷訳『現代キリスト教の霊性』29-33 頁。
2)　パネンベルク、西谷訳『現代キリスト教の霊性』19 頁。
3)　パネンベルク、西谷訳『現代キリスト教の霊性』12-13 頁。

に至って第二の悔悛の機会が認められる必要が生じた。それはたとえば、迫
害によって洗礼を否定する重大な罪を犯した者に、第二の救いの機会が与え
られ得るか、という問いに古代教会が直面したからである。そこで古代教会
は例外的に厳しい条件のもとで公に第二の悔悛の儀式を行った。このあくま
で例外的であった第二の悔悛の儀式は、中世教会に至って定期的な告解制度
としてキリスト者の生活の恒常的要素となった。さらに告解の儀式は、ヨー
ロッパ北部の、アイルランドやイギリスの修道院において熱心に行われ、修
道僧たちが修道院内で互いに懺悔し合う習慣は一般の人々にも広がり、キリ
スト者たちは洗礼を受けた後も自分たちは罪の下に生きていることに気づく
ことになった。ここで神との距離感が自覚され、定着した。それが中世的敬
虔であり、宗教改革において神と人間の間に仲保を切望する背景となった。

　この背景の下で、宗教改革者たちは、罪と不安と罪責意識からの解放を説
くことになる。パネンベルクによれば、宗教改革者たちがそれまでの西方教
会とは異なる仕方で達成しようとしたことは、「罪深さからくる不安や無限
に続く罪の仲保の不確実さからの個々のキリスト者の解放ということにあっ
た。この解放はキリストにおいて与えられた神の約束に基づいている。そし
て、それは神の霊感によって成る聖書に詳述されているのである。解放が実
現するのは、キリスト者がキリストにおいて明らかにされた神の約束に直接
にあずかるからである」[4]。

　以上のようにパネンベルクは、ルターが提唱したキリスト者の自由につい
て述べ、しかしそこに初めから一つの問題、「信仰義認の行為主義」が潜ん
でいたという。ルターが、信仰義認は〈extra nos〉、わたしたちの「外から」
なるキリストへの信仰者の参与に基づくと考えた時、信仰者は自身の内面に
おいては罪人であり続け、くり返し赦しが必要であるが、そのような赦しが
起こるのは「神がわれわれの信仰によるキリストとの合一を、われわれのう
ちに潜む罪深さを凌駕するものと見なしてくださるときである。神学的術語
で表現すれば、これはキリストの義の〈転嫁〉〔imputation〕、もしくは〈法廷
的義〉〔forensic justification〕と呼ばれた。なぜなら、それは神の〈判決〉とい

---

4)　パネンベルク、西谷訳『現代キリスト教の霊性』19頁。

う行為を構成するものであったからである」[5]。

　この法廷的義は、ルターによれば洗礼におけるキリストへの「神秘的」な参与によって可能である。しかし、ルターの後継者たちはキリストへの参与という洞察を理解せず、洗礼を受けた後も信仰者はくり返し罪へと後戻りし、くり返し神の赦しの約束を受け入れねばならないという「行為主義」に堕してしまうことになった。ルターは、洗礼はキリストにある継続的な新しい生を構成するとし、一回の洗礼においてその後継続するキリストとの神秘的合一を認めていたと、パネンベルクは指摘する[6]。そうでなければ洗礼そのものが無効になってしまう。ルター派教会の礼拝において、罪の告白と関連してなされるべき洗礼への言及が少なくなっているのは、ルターが認めたキリストとの神秘的合一が忘れられつつあることの表れである。それだからこそ、パネンベルクは、洗礼において与えられたキリスト者の自己同一性はどこで継続するのかが問われることになるという。

　この問いに対して、初期の敬虔主義は「ただ一回限りの回心および再生という概念によって」対応したのだが、このような敬虔主義の見方は、新しい自己義認の形態が発生する余地を残してしまった。そこでこれに代わって18世紀中葉のリヴァイヴァリズムは「回心と罪の赦しが反復される必要」を説いた。さらに同時代的に起こったことは、合理主義的思想家たちによって聖書の権威が攻撃されたことである。たとえば、続く世紀にニーチェやフロイトの影響によって、伝統的に絶対的規範であったキリスト教的道徳が批判され、聖書の権威が公に人々を説得する力を失い、道徳的諸基準は個人の内面的なもの、個人が選択するものとなった。このような状況においては、個人のいかなる行為にも先立つ聖書の権威はもはや保証されず、個人の信仰

---

5)　パネンベルク、西谷訳『現代キリスト教の霊性』20 頁。

6)　マルティン・ルター『小教理問答』の「洗礼について」によれば、水による洗いは「われわれの内にある古きアダムが、すべての罪と悪しき肉欲とともに、日々の悲しみと悔い改めによって溺れ死ぬこと、そして新しき人（neuwermensch）が神の前に永遠に生きるために日々現れ、義と清さ（reynigkeyt）のうちに復活することを意味する」とある（マクグラス、古屋監訳『キリスト教神学資料集（下）』374 頁）。ここでは洗礼によって新しき人が日々現れるということが、一回の洗礼の効力である。

48

と経験が任意に認めるものとしてしか、福音の真理は主張されなくなる。このような状況で、信仰者は個人的に自分自身の罪深さを自覚することが、福音を受け取る前提となった。そこで福音伝道は、くり返し「人間の罪の暴露に取りか」かることになったという[7]。

パネンベルクは、洗礼を受けたキリスト者は「パウロが『肉』と名づけたあの人間の自己中心性によって誘惑されつづけるのであるが、しかし、原理的に〔in principle〕罪の力からは解放された存在である」ということに説教の中心を向けるべきではないか、と提案する[8]。パネンベルクは「真正なる回心の必要」と「人間の罪深さ」に反対しているのでは決してない。しかし、「宗教改革の基本理念、すなわちキリストに参与することによって得られる信仰者の自由という理念は、それを悔悛的敬虔から分離することによってのみ、救い出され」るのであり、「キリスト教的伝統自身が有するところの、人生に照明を与える力を、熱心に、倦むことなく、掘りさげていく努力」をする必要があると説く。

筆者はパネンベルクのルター理解を批判検討する力を持たないが、パネンベルクが指摘する、罪責意識を呼び起こすことによって「道徳的回心を迫る」ような説教は現在、日本のプロテスタント教会にある程度見られるのではないかと考える。そしてそのような説教に限界を感じているのは事実であり、パネンベルクの分析を興味深く読んだ。転じて新約聖書学においても、キリストへの「参与」についての議論の高まりを見ており、ここに時代的な要求も感じている。そこで本稿では、新約聖書において「キリストに参与すること」を語る箇所に注目してみたい。

最近のキリストへの参与への関心の高まりを奨励するJ. D. G. ダンは、

---

7)　パネンベルク、西谷訳『現代キリスト教の霊性』23-24頁。また、パネンベルクは「いかに多くのプロテスタントの説教が多少にかかわらず律法と福音という等位の原理の適応によって構成されているか」ということを調べるならば、プロテスタンティズムにおいては悔悛的敬虔の影響がいかに甚大であったかがわかるという。律法と福音という両極構造はパウロにおいて見出される。しかしパウロにおいては、この二つは単に「神の啓示の歴史における二つの連続した時代を指す」のであった。

8)　パネンベルク、西谷訳『現代キリスト教の霊性』29-33頁。

キリストに参与することに関心が向けられた 20 世紀の議論を紹介し、A. ダ
イスマン及び W. ブセットが社会的、宗教史的関心から信仰者の体験に関心
に注意を払うようになる中で[9]、信仰者の内的体験をキリストにおける「神
秘主義」として注目した。たとえばダイスマンはパウロを神秘主義者と理解
し、「理性の介在なしに神と直接触れ合う」ことで変容させられ、キリスト
を担う者となったという[10]。しかしながら、ダンによればその後、神秘主義
を最も強く提唱したシュヴァイツァーが「極端な表現」をもって信仰者とキ
リストの結合を語ったこと、また第一次世界大戦中、また戦後は心理学批判
や実存主義への関心が勝ったことによって、新約聖書におけるキリストへの
参与は十分に注目されず、その後のパウロ研究においてもキリストへの参与
には十分な関心が払われてこなかった。

2. 新約聖書学における「参与」の議論

　最近、新約聖書学ではキリストに「参与」するという記述により注意を払
って読むようになった。たとえばダンが言うように、パウロのアダム・キリ
スト論は神の救済計画が実現するために「罪人がキリストの死（と復活）を
共有する」と語ることは、参与の前提となる。このように語られる参与は、
神の義という法的評決として救いを表現するよりも的確であるという[11]。そ
の証しとして参与を表す「キリストにおいて」という表現は、「神の義」よ
りもパウロの書簡に多く語られるという。つまりダンは、パウロの救済論に
おいては義認よりもキリストへの参与という概念が「より自然なパウロ的キ
リスト論の展開」だと考えている[12]。そこで本稿では、キリストによる救済
に信仰者が参与するということを述べる代表的なパウロの発言をローマ書か
ら取り上げ、次に I テサロニケ書における参与の言葉を検討する。

---

9)　Bousset, *Kyrios Christos*, 153.
10)　Deissmann, *Paul*, 2nd ed.,149, 153.
11)　ダン、浅野訳『使徒パウロの神学』508-534 頁。
12)　Gorman, *Cruciformity*, 140; Longenecker, "Covenant Theology," 135.

2.1. ローマ書における義認と参与

　パウロはローマ書において罪からの解放を語る際に、ユダヤ教の黙示的終末論に由来する二つの方法で語る。いずれも二元論的にこの世（時代）と来るべき世（時代）を対比して救済を語るのであるが、一方は宇宙論的な世界観をもって、他方は法廷的な表象をもって語る。前者の宇宙論的世界観によれば、救済は、悪の力が宇宙から排除されることだと考えられる[13]。大貫はローマ書 8:18-25 において「パウロの視線は被造物全体に及」び、また「『今に至る歴史』」と「来るべき解放の時への待望」に向けられているという。大貫は、宇宙論史の終末論を説明する上で、宇宙という語を次のように解説する。すなわち被造物全体をキリスト教神学用語では「普遍」（Universum, 宇宙）といい、その歴史が「普遍史」であるという[14]。

　他方は、法廷的な表象であるが、ここでは宇宙論的に描かれる場合の悪の力は登場せず、自由意志と人間の決断によって、創造主である神を排除することが罪であって、それに対する罰が死であるということが前提である。神はこのような人間の状況において律法を与え、この律法に対する態度によってその人は、永遠の命に与るか、死に定められるか決定される。最後の審判において人間は神の裁きを受け、永遠の命か死に定められる[15]。

　N. T. ライトによれば、従来の義認の考え方では、ローマ書は 1-4 章が法廷的、5-8 章は宇宙論的救済を述べたものと理解されるが、ライトの理解では、ガラ 3:24-29 におけるように法廷的主題と宇宙論的主題が混在する箇所がある。したがってライトは、パウロの福音の主要なメッセージは「信仰義認」ではないと指摘する。パウロの「義認」の議論は「契約の家族のメンバーはだれかを、どのように言えるか」をめぐるもので、「どのようにすればキリ

13）　シュヴァイツァー、武藤・岸田訳『使徒パウロの神秘主義（上）』134-135 頁によれば、「パウロは御国を……天使的諸力との闘争として考えている。これらの権力は次々に、キリストと彼に属する者たちによって征服され、遂には死もその力を奪われるに至るのである（第一コリント一五・二三―二八）」。
14）　大貫『イエスの時』211 頁。
15）　de Boer, "Paul and Apocalyptic Eschatology," 357-361.

スト者になるのか」ではないという [16]。つまり法廷的に語られるのは神の義
であって、神がイスラエルと結んだ契約に真実であることを述べている [17]。
ロマ 3:24-26 においても、法廷的表現で語られる義認は、イエス・キリスト
を信じる人々が「真の契約の家族のメンバーであると宣言される」ことであ
り、この宣言は、「神は正しく、契約にずっと真実であり、罪を解決し、寄る
辺のない者を支え、十字架につけられたキリストにあって彼らを公平に取り
扱う」ことを示している。つまり福音の中心はイエスについてのメッセー
ジであり、「神の義、すなわち契約に対する神の真実を啓示している」とい
う [18]。

　ライトは、パウロ神学の中心的思想は義認ではなくイエス自身、つまり終
末論的に描かれるイエスの王権とその支配を知らせる福音であり、その中心
との関わりで義認も論じられることを指摘する。「すなわち義認は、抽象的
なシステム、時代を超えるシステム、だれもが適用できる救いの方法とはな
り得ないのです。義認は、世界の創造者が宇宙全体を救うために、類ない形
で、クライマックスとして、そして決定的に、イエス・キリストにあって働
き、今や御霊によってすべてのものをイエスの支配に置くという、パウロの
世界観の一部」 [19] であるという。

---

16)　ライト、岩上訳『使徒パウロは何を語ったのか』235 頁。
17)　ライト、岩上訳『使徒パウロは何を語ったのか』206-251 頁。門脇も、神の義につ
いて三つの側面を指摘する（門脇『パウロの中心思想』83-85 頁）。すなわち終末論的側
面、法廷的側面、さらに普遍的側面である。ライトの法廷用語、終末論用語という分類は、
門脇の法廷的側面、終末論的側面に対応すると考えられる。ライトの議論では、「神の義」
が神とイスラエルの契約を想起させる契約用語であるとしているが、これは門脇において
は、「来るべき神の義は、イスラエルの民だけでなく、全世界のすべての民の上に及ぶもの
となる」といわれる普遍的側面に対応するのだろう。門脇の神の義についての議論を抜粋
すると、法廷的状況で個人が「共同体の規範に従って行動したか判断し、判決を下す」と
いった状況から生まれた神学理念、すなわち宗教改革的義認か義化かといった論争は、現
在の新約聖書学の議論においては「概念的思考をもってなした、意味のない神学論争」で
はなかったかと書いている。むしろ「神の義は本来神の奥義であって、人間的概念では捉
えられないものであり、象徴的」言語によって、神の愛、「不義なる者を義とする」（ロマ
4:5）ことを示すシンボルであると理解するからである（門脇『パウロの中心思想』84 頁）。
18)　ライト、岩上訳『使徒パウロは何を語ったのか』251 頁。
19)　同上。

　これはベカーが、パウロの黙示的終末論の特徴について記していることと一致する。ベカーによるとパウロの終末論の特徴は、信仰者が個人の信仰世界に引きこもることなく、終末における神の勝利を信じ、隣人と共働し、被造世界に責任を果たしていくことである。これはパウロの終末論の全体像をよく捉えている[20]。終末において正しい裁きがなされるという黙示的希望によって、パウロはⅠコリ7:29-31ではこの世との関わりに無関心であることを勧める。あるいはまたパウロによれば、最後の審判において、この世における生き方が問われる（Ⅱコリ5:10）。神の最終的勝利が実現されるまで、伝道者は神の国のために働いたかが問われるという（Ⅰコリ3:13）。

2.2. 参与が書かれている箇所としてのロマ5章——アダムとキリスト

　ロマ3章では、犠牲供儀の用語によってイエスの死と復活による救済的意味を述べ、パウロは続いて人がイエスの救済的働きにどのように与るかを述べていく。5章ではアダムとキリストの対比によるキリストの救いについて述べる。6章ではキリストの死に与る洗礼について、すなわち洗礼を受けた者は、すでに罪の支配下から恵みの支配下に移され、罪がキリスト者を支配することはない（14節）という[21]。8章ではキリスト者がキリストの来臨によって神の子とされる日までをどのように生きるかを語る中で、参与のテーマが明らかである。ここでは5章に注目したい。12節で「一人」といわれた人は、14節で「実にアダムは、来るべき方を前もって表す者だった」といわれることからアダムである[22]。さらに15節以降では「一人の」イエス・

---

20)　Beker, *Paul's Apocalyptic Gospel*, 110.

21)　ロマ6章の洗礼について詳しくは、拙論「キリストの死にあずかる洗礼」243-260頁参照。田川訳は、6:14の未来形を命令的な意味があると理解している。「罪があなた方を支配することがあってはならない」（「ローマにいる聖者たちへ」196頁）。

22)　アウグスティヌス（354-430）は5章から原罪思想を読み取った。12節 οὕτως εἰς πάντας ἀνθρώπους ὁ θάνατος διῆλθεν, ἐφ᾽ ᾧ πάντες ἥμαρτον の後半 ἐφ᾽ ᾧ πάντες ἥμαρτον を、彼（アダム）によって（= in whom）すべての人が罪を犯した、つまりアダムからすべての人に罪が（遺伝した）と読んだのである。しかし ἐφ᾽ ᾧ は熟語として「〜ので」と読めば、すべての人が罪を犯したので、となる（ペイゲルス、絹川・出村訳『アダムとエバと蛇』232頁）。

キリストともいわれており、イエス・キリストも「一人の人」といわれている。このようにアダムとキリストは一人の人として対比される。18節ではアダムとキリストの対比が「そこで一人の罪過によってすべての人への断罪が（下されたように）、一人の正しい行為によってすべての人へ義なる命が」と拡大される。

「一人」は、すべての人につながる代表者であり、アダムはわたしたちを代表する罪人である。そのアダムはまた「来るべき方を前もって表す者（τύπος）」、トュポス、予表、予型といわれる。「不従順」なアダムはやがてキリストの「従順」に、また「罪」が「義」へと変えられることをあらかじめ示す予型である。

アダムは、創世記2, 3章でその創造とエデンの園での物語で語られるほか、旧約聖書でわずかに系図に名前が言及されるのみである。パウロは敢えてこのアダムをわたしたちの代表者として「罪の徹底性」を表す者として、キリストにおける「恵みの徹底性」を前もって表す予型として描く。アダムは人類の祖であるから、パウロは福音が「ユダヤ人をはじめ、ギリシア人にも、信じる者すべてに救いをもたらす神の力」といい得た。それは4章でアブラハムについて議論したのちに5章でアダムに言及する理由にもなっている[23]。

M. スラルはロマ5:14-15の注解において、パウロの「アダムにおいてすべての人が罪を犯した」というアオリスト形の動詞によって指示されるのは、すべての人がアダムの罪に参与したということと同時に、個々人がそれぞれ罪過を犯したという意味の、両方を含意するという。そしてそれが正しいとすれば、「すべて」の人がアダムの原初の罪の行いに参与したのであり、またそれによって罪の力が破壊された最初の出来事にも共同で参与していなければならないと述べる[24]。このようなキリストとの神秘的な合一について、ダンは参与が生み出す連帯性と表現している[25]。ダンの議論によれば、キリ

---

23) 永田「ロマ書におけるアダム・キリスト―新しい人の到来―」（2013年2月21日、国際基督教大学における最終講義）。

24) Thrall, *2 Corinthians 1-7*, 411.

25) ダン、浅野訳『使徒パウロの神学』508-534頁。

ストへの参与は、義認よりもはるかにパウロ神学の残りの部分とつながっているという。ダンはパウロ書簡の「キリストの内に」、「キリストと共に」、「キリストの中へ」、「キリストを通して」、また「キリストの体」なる概念はこれらの語句との関連が明確だという。ダンはこれらのパウロの言語には著しい連帯性が含意されており、キリストの死と復活という決定的な救済の出来事の、より神秘的な側面がこの主題によって浮き彫りになるという。ダンが議論するところのキリストへの参与がもたらす結果について、第一に個人がキリストとつながっているという認識は、キリストの中へ導かれて（開始点）、キリストと共にある（継続するプロセス）へ参与を促す。ダンは参与が生み出す連帯性によって、アダム・キリスト論を説明する。ローマ書ではアダムとキリストを対比させる部分（5:12-21）の直後に、洗礼によって信徒がキリストの死へと参与するとして、アダム・キリスト論を信徒の参与として展開する（6:3-8）。

　続くロマ 8:18-25 では、宇宙論的終末が語られる中で参与が語られる。大貫によればこの箇所においては、ユダヤ教的、黙示思想的終末論を背景とし、全被造物が虚無に服従させられてしまったことを描きつつ、その解放については、人間が「今この時の苦難」から解放されること、体の贖い、「全人格的に解放された人間の在り方」に参与することとして書いている。パウロの言葉では、19 節「神の子たちの現出とその栄光」、つまり「体の贖い」に参与することとしている。それは、被造物全体が人間の罪過の巻き添えを食って「虚無」に服従させられたことに逆対応する事態である。

　大貫は、ユダヤ教黙示思想的終末論では、古い創造と新しい創造が置き換えられる、大貫が「置き換えモデル」と呼ぶ考え方が優勢であると指摘した。つまり、アダムの堕落以降、人間の罪のもとに全被造物は苦しみ、老化する（IVエズ5:55）。この「古い創造」は、「新しい創造」によって置き換えられる。これに対してロマ 8:18 以降は、大貫が「連帯・解放モデル」と呼ぶ「全人格的に解放された人間の在り方」を、参与によって描いている [26]。

　V. ブラニックも参与を重要視する。ベカーを修正し、「すでに」という要

26）　大貫『イエスの時』212-214 頁。

素は「キリストのうちに」といえる事態で、キリストの内にあって罪と死は
無意味なものとされたとする。というのは、ブラニックはこれがコイノニア
において——聖餐（Ⅰコリ 10:16）、霊（Ⅱコリ 13:13）、苦しみ（フィリ 3:10）
において——実現している事態で、これは黙示的というより参与的な世界で
あるので、黙示的な見解の修正をしている[27]。ブラニックによれば、信仰者
はすでにキリストの内にあり、それゆえ、罪と死は無意味なものとなる。こ
れはキリストの内にあることによって段階的に起こる。パウロは「すでに」
と「いまだ」との逆説によって、信者の変容が一度限りではなく、段階的、
部分的変容が起こることとして説明するのである。

　この終末論的な変容はⅡコリ 2:16 では「命から命へ」、Ⅱコリ 3:18 では
「栄光から栄光へ」といった言葉に表れている。またコリント教会において
ねたみや争いが絶えない（Ⅰコリ 3:1-4）ことの説明もつく[28]。したがって、
神が罪と死に勝つことと同時に「すでに」と「いまだ」が起こっているので、
ブラニックによれば、黙示思想がパウロに終始一貫していると考える必要は
ない。むしろパウロにとって、「すでに」はキリストの内にあることで実現
しており、それゆえ実現した終末論へと展開する要素（ブラニックの言葉では
「種」）が様々に表現される。「新しい命」（ロマ 6:4）、「内なる人は日々新たに
される」（Ⅱコリ 4:16）、「主にある生活」（Ⅰコリ 15 章 ; 1:18-2:16）、霊の賜物（ロ
マ 5:15; Ⅱコリ 4:15; 9:8; ロマ 15:13; Ⅰコリ 14:12; 15:58; Ⅱコリ 1:5; 3:9; 8:7; Ⅰ
テサ 3:12; 4:10; フィリ 1:9）、「キリストに与る」（Ⅱコリ 5:17; ロマ 6:3-4）[29]であ
る。これらの信徒の状況は、コイノニアという語を用いて語られる。コイノ
ニアは聖餐（Ⅰコリ 10:16）、霊（Ⅱコリ 13:13）苦しみ（フィリ 3:10）につい
ても用いられている。ブラニックは、コイノニアという語によって語られる
キリストとのコイノニア、そしてパウロとパウロの共同体がコイノニアと描
写されることに注目し、パウロは黙示的な見解を修正しているのであって、
参与的な言説によって、実現した終末論がパウロ神学の中心になっていくと

27）　Branick, "Apocalyptic Paul?," 672-673.
28）　Branick, "Apocalyptic Paul?," 674.
29）　Branick, "Apocalyptic Paul?," 670.

指摘している。ベカーは黙示的な思考体系がパウロに一貫した欠くことのできない中心であるとしたが、ブラニックは参与に中心を見る。ブラニックに対し筆者は、キリストの出来事に参与することで終末に向かって変容させられるということが表されているので、やはり終末論的黙示思想がパウロ神学の中心であると考える。

3. Ⅰテサロニケ書におけるキリストへの参与

　以上、ローマ書を中心に考察してきたキリストへの参与という概念は、Ⅰテサロニケ書ではキリスト者が罪を赦された者として、キリストへ参与することの呼びかけとして語られる。Ⅰテサロニケ書は現存するパウロ書簡の中でも最初に書かれたと考えられている。その内容はテサロニケ伝道の様子を思い起こして感謝する記述が1-3章を占め、その感謝に基づいて4-5章の励ましが述べられる（本書第4章64-76頁も参照）。Ⅰテサロニケ書において主張されるのは、希望を持ち、忍耐し、キリストに似た者に変えられた者として、苦難を神の栄光が現れる機会として理解することである[30]。

3.1. 苦難における参与

　1:3「わたしたちは、わたしたちの神であり、父なる神の御前で、あなたがたの信仰による行いと、愛による労苦と、わたしたちの主イエス・キリストに対する希望による忍耐を、思い起こしている」ではテサロニケの信徒が「希望によって忍耐」しているといわれる。希望を持ち、どんな困難においても希望を見出すパウロと信徒たちは、神が終末に向かって導き働いていることの見える証しとなる。

　パウロたちはテサロニケの信徒について、その「信仰による行いと、愛による労苦と、希望による忍耐を」「思い起こして」いると語る。希望とは、神がキリストにおいて始めた働きを神が完成することへの希望であり、この希望の結果生じる忍耐によって、テサロニケの信徒は来臨を待ちつつ生きる。

つまりⅠテサロニケ書における希望の強調は、この手紙に終末への関心が強いことを示している。そしてこれらの信仰、愛、希望がテサロニケの教会の信徒に備わっていることを「わたしたちの神であり、父なる神の御前」でパウロたちは思い起こし感謝するのである。

3.2. Ⅰテサロニケ書の黙示的終末論

1:9-10 では、パウロ、シルワノ、テモテ（手紙の発信人たち）によってキリスト者になったテサロニケの信徒たちがさらにマケドニアとアカイアで宣教し、今度はマケドニアとアカイアの人々がパウロたちについて語っている内容が述べられる。10 節では特に、人々が信じた信仰内容である終末論的救いと、その終末論的救いを人々が待望する様子が語られている。テサロニケの信徒たちは「天からの御子」を待っている、といわれる。テサロニケの信徒たちは希望を持って忍耐し、教えに従って神の意思に従って生きているという。

1:9-10 におけるような来臨についての教えは、2:19; 3:13; 4:13-17; 5:1-11 でも見られる。D. ラッケンスマイヤーによれば、パウロの勧告（励まし）は来臨の教えに基づいて語られており、テサロニケの信徒たちにとって来臨待望が重要な信仰内容であったことが窺えるという [31]。1:9-10 で語られた来臨の教えは、5:9-10 でくり返される。

> 5:10　（イエス・キリストは）わたしたちのために死に、それはわたしたちがたとえ目覚めていても眠っていても、彼と共に生きるためである。

この節では、キリストの死によってもたらされる救いについて語っている。イエス・キリストの死はわたしたちのためであり、わたしたちが彼と「共に生きるため」だという。

このようなⅠテサロニケ書に顕著な黙示思想的来臨待望は、特にテサロニケの信徒たちが迫害を受けている状況で、前提にされていることは明確であ

---

31)　Luckensmeyer, *The Eschatology of First Thessalonians*, 75-86.

58

る。このことは迫害という苦難を、来臨を待つ希望において、すでに終末に
約束された出来事に与っているとして、パウロとテサロニケの信徒たちが
理解したことを示している。テサロニケの信徒たちが経験している「困難」
（θλῖψις）（困難、艱難、苦難、苦しみ、苦労、迫害）は、同時に希望なのである。

> 2:14　そして、兄弟たちよ、あなたがたは、キリスト・イエスにおいて
> 神の教会であるユダヤにある教会に倣う者（μιμητής）となった。ちょ
> うど彼らがユダヤの人々から苦しめられたように、あなたがたも同郷の
> 人々から様々なことで苦しめられたからである。

> 2:19　しかし、あなたがたではなく誰が、わたしたちの希望、喜び、誇り
> の冠であろうか。わたしたちの主イエスが来る時、彼の前で、あなたが
> たではないか。

ここで「栄光」（δόξα）とは、苦難を神に定められたこととして、希望を持って
耐え、神にふさわしい栄光を神に帰することである。その苦難は、キリスト
に倣うものである。そうして、キリストに倣う者として来臨において栄光を
受けること、これがⅠテサロニケ書で語られる十字架の賜物である（詳細は、
本書第2章41-43頁参照）。
　以上の考察をまとめると、Ⅰテサロニケ書では、苦難を徹底的に引き受け
ることによって、今、生きていても死んでいてもイエス・キリストと共に生
き、イエス・キリストの死と生に参与し、キリストに倣う者となるという。
それは、テサロニケの信徒たちが今すでに、来臨に際して完全にされる救い
に参与しているからである。これがパウロの理解する黙示思想的現在であ
る。それゆえ5:10では「目覚めていても眠っていても」、つまり今、生きて
いても死んでいても、わたしたちはイエス・キリストと「共に生きる」と語る。

4. 結語

　以上、ローマ書では、パウロはイエス・キリストの十字架によって罪を贖

われ、また来臨時に神の子とされ完全に贖われる者として、信仰者をキリストの死と復活に参与する者として描いていることを観察した。パウロは、キリストがアダムに代表される人間に罪からの解放をもたらしたのであり、洗礼によってキリストと共に死に、共に生きる者として信仰者を描く。

　一方、Ⅰテサロニケ書では、洗礼後の信仰者のあり方が、キリストの死と復活に参与し、イエス・キリストに倣う者として苦難を生きる者として描かれているのである。

第4章　パウロ書簡、パウロ後書簡における
静かな生活への励ましと終末待望

1. 研究の課題

Ⅰテサ 4:11　また、わたしたちがあなたがたに指示しておいたように、
静かに生活すること（ἡσυχάζειν）を誇りとし、自分自身のことを行い、
あなたがたが自身の手で働くようさらに努めるように[1]。

Ⅱテサ 3:12　わたしたちはそのような者たちに、主イエス・キリストに
あって命じ、勧める。自分自身のパンを食べるために静かに（ἡσυχίας）
働くように。

以上の 2 つの節ではいずれも「静かに」という言葉が使われている。

　C. H. ペイスカーは、ἡσυχάζειν の語群は元来「静寂、平穏、平静」を意味
するという。たとえばⅠテモ 2:2 において、第一に「落ち着いた静かな生活
を（ἤρεμον καὶ ἡσύχιον βίον）」するために感謝の祈りを捧げるように勧めると
きに使われる。しかしⅠテサ 4:11; Ⅱテサ 3:12 は、文脈を考慮して「日々の
仕事に励むために必要な、終末待望の沈静化を意味」しているという[2]。

　このようにⅠテサ 4:11; Ⅱテサ 3:12 の「静かに」を理解する学者たちは

---

　1)　青野訳「静かに生活すること」を踏襲した（「テサロニケ人への第一の手紙」217頁）。
口語訳、新共同訳、聖書協会共同訳「落ち着いた生活」、田川訳「また静穏にしていること」。
田川の註では「確かにここは生活の仕方も含むかもしれないが、もっと基本的に、そもそ
も人間としての姿勢そのものを指す」としている（田川「テサロニケ人の教会へ、第一」
119 頁）。本稿で見るようにパウロ関連書簡に共通して、キリスト者の生き方として自分自
身のことをする人生観を勧めており、その生活哲学は「静かな生活」とでもまとめられる。
　2)　Peisker「ἡσυχία, ἡσυχάζω, ἡσύχιος」165-166 頁（傍点は引用者）。

珍しくない。たとえば他に B. R. ガヴェンタも、Ⅰテサ 4:11 について、「四・九——一二における落ち着いた生活や自分の仕事に励むことに関する教え」を、来臨とその期待に影響された人々に対する教えと理解している[3]。さらにガヴェンタは 4:3-8 を「性的道徳に関する教え」、4:9-12 を「落ち着いた生活や自分の仕事に励むことに関する教え」、そして 5:14-15 は「再臨 (parousia) とその切迫に対する熱狂主義に夢中になるあまり」秩序を保つことができない人々に沈静化を求める、警告の言葉だと理解する。ガヴェンタは「自分たちが今にもイエスが再び来られるのを待っていると信じる者たちは、もう自分たちが放棄してしまったと理解している秩序について批判されることに我慢できなくなるかもしれない。自分たちだけになると、これらの人々は放縦になり、振る舞いもむやみやたらと攻撃的になった、とも考えられる」と説明している[4]。

　Ⅰ、Ⅱテサロニケ書を簡単にまとめて、Ⅰテサロニケ書は終末論のドグマ的主張であり、Ⅱテサロニケ書は終末論のドグマ的主張を批判している、といわれることがある[5]。しかし本稿では、主の日は近いということと、しかし主の日を待ち「静かな生活」とまとめられる生活態度を奨励するⅠテサロニケ書は、終末論をドグマ的に主張してはいないとし、Ⅱテサロニケ書はその批判であるとも考えない[6]。

---

3)　他にたとえば、Best, *A Commentary on the First and Second Epistles to the Thessalonians*, 341; 松永『テサロニケ人への手紙』245 頁。

4)　ガヴェンタ、野田訳『テサロニケの信徒への手紙 1、2』147 頁。

5)　田川は、終末論的ドグマ的主張とは「もうじきこの世界全体が消滅する『終末』が来る、その時に最後の審判がなされ、ユダヤ教ないしキリスト教の神を信じる者だけが救われる、という終末論信仰を唱える者たち（キリスト教発生当時のユダヤ教の多数、そしてキリスト教）」の「迷信をドグマに仕立てたものにすぎない」という（田川「第二ペテロ」378 頁）。G. タイセンも同じ。タイセンは、パウロはテサロニケ教会をもう一度訪問しているという（Ⅱコリ 2:13; 使 20:1 以下を根拠に）。「おそらくその際に教会は彼に、なぜ彼の最初の手紙（一テサ）で近いと予告されていた終末が実現しなかったのかと質したであろう。その時パウロは自分の最初の手紙を口頭で、しかも、終末を遅らせているものについて教えながら、修正したのかも知れない。それでさらに後になって、或る者がそのパウロの自己修正をテサロニケの信徒への第二の手紙として展開し、かつ公刊しても構わないのだと感じたのである」（タイセン、大貫訳『新約聖書』196 頁）。

6)　ダンによれば、「パウロはテサロニケでの宣教においてキリストのパルーシアという

　Ⅰテサロニケ書においてパウロが主張するのは、来臨の近さ（4:13-18）であり、来臨の時を決める神の主導に従い（5:1-11）、静かに生活するよう呼びかける。このように来臨の近さを主張しつつ、かといって切迫をやみくもに主張してはいないので、沈静化の言葉として理解する必要はない。Ⅱテサロニケ書でも同様である。それゆえ、本稿ではまずⅠテサ 4:11 について 4:9-12 を検討し、兄弟愛の教え（4:9-10）との関連で理解すべきことを示す（2.3.）。次にⅠテサ 5:14-15 について、4:13-18; 5:1-11 の一連の来臨についての教えとの関連で検討する（2.4.）。続いて、やはり沈静化の言葉として理解されることのある 5:6「しらふでいるように」を検討する。「しらふでいるように」という教えはさらに、パウロ後の書簡にも見られる。それらのキリスト者の生活についての教えについても検討し、これらの教えが終末待望と関連があるかどうかも考察する（2.4.2.）。そしてもう一つ、沈静化の言葉として理解される 5:14「無秩序な人についての戒め」、またⅡテサ 3:12 の意図をそれぞれの文脈に即して理解し、来臨待望との関連、また沈静化を勧めているかどうかを検討する（2.5.）。またⅡテサ 3:12 についてまずⅡテサロニケ書の主の日についての検討から始め（3.1.）、Ⅱテサ 3:6-13 の文脈におい

主題を強調した（Ⅰテサ 1.10）。最初の手紙で、パウロはこの点を躊躇せずに繰り返し、さらに第 2 の手紙でこれを詳しく述べた」。ダンは、フィリピ書ではⅠテサロニケ書と同様、「主の日」の言及があり、Ⅰコリント書ではパルーシアへの関心が突出しており、ローマ書ではたとえば 13:11-12 にはパルーシアへの関心があることを議論する。他方、ダンはⅡコリント書、ガラテヤ書にはパルーシアへの関心は皆無としつつ、「パウロ神学において、キリストの再来が初期の書簡から後期の書簡に至るまで確固とした主題だったことを、私たちは自信をもって主張できる」としている。そして「パルーシアがパウロの存命中に起こらないという見通しが彼を困惑させた様子はない。パウロ神学においてキリストの死と復活が中心的な位置を占めているのと異なり、キリストの再来への希望は比較的曖昧なままだった」と観察し、ダンは次のように結論する。「パルーシアへの期待は、十字架と復活のような信仰告白の要件としての立場を得ることがなかった。さらにパルーシアの期待は、詳細に述べられたり、その詳細が一貫性のある体系へと形成されることなく、そうすることが必要とも考えられなかった。この期待が黙示的な色彩で描かれることはあっても、パウロ神学の中核を占めなかった。特定の仕方でこの期待が成就されること、あるいはそれが具体的にいつ成就するかは、パルーシア期待の関心事でない」からである（ダン、浅野訳『使徒パウロの神学』401-410 頁［傍点引用者］）。ダンの結論は、「『パルーシアの遅延』という想定は完全に否定されている」というものである（419 頁）。

て 3:6, 12 を理解する（3.2.）。

2. Ⅰテサロニケ書の励まし

2.1. Ⅰテサロニケ書の構成

　Ⅰテサ 1-3 章では、パウロがテサロニケの信徒たちのことを思い出しつつ長い感謝を述べる。その中で励ましが書かれている箇所があり、その後、4-5章でまとまった励ましがある。

> 2:12　わたしたちはあなたがたを励まし（παρακαλοῦντες）、慰め、またあなたがたに証しした。神があなたがたを招いた神の国と栄光にふさわしく歩むようにと。

それは、すでにパウロたちがテサロニケの信徒たちを慰め、神の御心にそって歩むよう励ましたことを振り返りつつ述べられている。

> 3:2　そしてわたしたちは、キリストの福音を伝えるわたしたちの兄弟であり、神にある同労者兄弟テモテを、あなたがたを信仰において強くし、励ますために（παρακαλέσαι）送った。

パウロは「また、あなたがたの信仰の欠けたところを補いたいと祈っている」（Ⅰテサ 3:10）というが、いつパウロがテサロニケに行けるかわからないにしても、「わたしたちの父である神御自身とわたしたちの主なるイエスが、あなたがたのところへ、わたしたちの道を導いてくださるように」（11節）と続けている。

2.2. 4-5 章の励ましの構成と特徴

　4:1-2　　　導入
　4:3-8　　　知っていることの確認＝性的道徳について

4:9-12	知っていることの確認＝兄弟愛について
4:13-18	新しい事柄＝嘆いている人に、キリストの来臨と信徒の復活について確認。結論は励まし合うように
5:1-11	知っていることの確認＝主の日はいつかわからない
5:12-22	知っていることの確認＝無秩序に対する警告。結論は励まし合うように

4-5章は、これまでの教えを振り返り、すでに知っていることをくり返すのか、新しいことを語るのか、パウロは区別しながら語っている。

また、4:1, 10, 18; 5:11, 14 で使われる παρακαλεῖν は私的な手紙でよく使われ、書き手と受取人との親密さを示し、信頼に基づく励ましと呼びかけをするときに用いられる言葉である [7]。

W. ドーティは G. ブラドリーを引用しつつ、パウロの手紙における勧告（Parakalo）文、特に I テサ 4:2-5:11 とロマ 13 章の勧告集はヘレニズム著述

7）　典型的な例は、個人宛の手紙であるフィレモン書においてパウロがオネシモの執り成しをするとき、パウロとフィレモンの関係を前提に、フィレモンが自主的に行動を起こすようにこの語を用いて励ます。確かに I テサ 1-3 章に書かれているパウロとテサロニケの信徒たちのこれまでの関係を振り返る言葉からは、フィレモンとパウロの間におけるような、パウロとテサロニケの人々の間の信頼関係が窺える。その上でなされた励ましが 4-5 章である。

4:1「終わりに兄弟たちよ、わたしたちは主イエスにあってあなたがたに願い、励ます（παρακαλοῦμεν）。いかに歩み神に喜ばれるべきかということを、あなたがたはわたしたちから受け入れた。そのようにあなたがたは歩んでおり、よりいっそう、そのようでありなさい」。

4:10「このことをあなたがたは行っており、マケドニア全土にいるすべての兄弟たちに対しても行っている。兄弟たちよ、わたしたちはあなたがたがよりいっそう、そうであるように励ます（Παρακαλοῦμεν）」。

4:18「だからあなたがたは、これらの言葉によって互いに励まし合いなさい（Παρακαλοῦμεν）」。

5:11「すでにあなたがたが互いに励まし合っているように（παρακαλεῖτε）、一人が一人を（互いに）建て上げなさい。ちょうどあなたがたがそうしているように」。

5:14「わたしたちはあなたがたに呼びかける（Παρακαλοῦμεν）。兄弟たちよ。無秩序な人々を戒め、小心な人々を励まし、弱い人々の世話をし、すべての人に忍耐強くありなさい」。

家とパウロが共通して用いる様式、トポスであると論じている。トポスとは
「『正しい考えや行い、あるいは徳や悪徳に関する話題を独立した形式で論ず
るもの』であり、辻説法師たちがひんぱんに受けた質問に対して、一種の常
套的返答を提供するのである。通常、トポスは標語をつなぎ合わせて並べた
り、単に随意にくっつけたりしたものであるが、型にはまった有益な忠告か
らなる小エッセイ」であり、「徳や悪徳に関する話題を独立した形式で論じ
る」箇所であるという 8)。このような形式的文章であるならば、4:13-5:11
はテサロニケ教会の具体的状況に即した問題を議論してはおらず、Ⅰテサロ
ニケ書の執筆動機となった中心的部分ではないことが示唆される。

　一方、ダンは特に 4:13-5:11 がⅠテサロニケ書の中心部分であり、この書
簡が執筆された主たる理由が書かれているという 9)。しかしながら、やはり
この箇所（4-5 章）が他の箇所と比較して重要度が高いとはいえない。通常
パウロの真正書簡では、主題提示が文書の初めにある。たとえば、ガラ 1:6;
Ⅰコリ 1:10 では問題になる事柄が手紙の初めから提示され、手紙の受け手
たちがそれらの問題にどのような責任があり、どのように対処すべきかを、
パウロは丁寧に述べる（Ⅰコリ 1:11-4:21; 5:1-13; 6:1-20; 7:1-40; 8:1-10:33、ま
たガラテヤ書でも 1:6-9, 11-12）。このように考えると、Ⅰテサロニケ書で手紙
の中心は、まずは初めの 1-3 章までの感謝と励ましの言葉である。それは特
に、迫害を受けているにもかかわらず、テサロニケの信徒たちが信仰を持ち、
宣教に励んでいるから（1:6-9）だと説明されている。パウロはテサロニケの
信徒たちの様子を見るため、テモテをテサロニケに送ったが、テサロニケの

---

8)　ドーティ、土屋他訳『原始キリスト教の書簡文学』86 頁 ; Bradley, "The Topos as a
Form in Pauline Parenesis," 238-246; Richards, *Paul and First-Century Letter Writing*, 136. こ
れは田川の 4:13 の読みと一致する。田川は、κοιμωμένων は現在分詞であることに注目し
「もしもすでに死んだ人のことを意味するのであれば、ふつうはアオリスト分詞を用いる
（すぐ続く一四節、一五節、第一コリントス一五・一八、また使徒的教父の多くの個所）。
ということはここでは必ずしも、しばしば註解書などで言われるようにテサロニケ教会の
信者の中ですでに亡くなった人がいる、ということは意味せず、単に一般的に、もしも信
者が死んだらどうなるのだ、という問いに対して答えている」（田川「テサロニケ人の教会
へ、第一」128-129 頁）。
9)　ダン、浅野訳『使徒パウロの神学』402 頁。

信徒たちが信仰に固く立っていることを確認した上で（3:6）、テサロニケの人々とパウロたちの関係を確認し感謝すること（1-3 章）が手紙の中心である。さらに励ますこと（4-5 章）は補足的に始められるが、しかし今後のテサロニケの信徒たちにとって重要な教えとなるのである。

2.3. 兄弟愛の励ましとそれに続く静かな生活の励まし（4:9-12）

4:9 は「兄弟愛については、わたしたちはあなたがたに書く必要はない」と始まる。それは「神から直接教えられた」（θεοδίδακτος）結果として、テサロニケの信徒たちはすでに兄弟愛を実践しているからである。続いて 11 節で、自分の手で働いて静かに暮らすように呼びかける。これは、兄弟愛として勧められた助け合うことと同時に、他の信徒たちに依存しすぎることへの戒めとして書かれている[10]。すると静かな生活の励ましは、兄弟愛の励ましを補足するものとして語られるということになる。兄弟愛を実践し、なおかつ自分のことをして静かに暮らすことで、12 節のように「そうすれば、あなたがたは（教会の）外の人々に対しても誠実に、また誰も必要としないように歩むであろう」、これが 4:9-12 の励ましの目標である。

「兄弟愛」（φιλαδελφία）は、新約聖書中で他に 4 箇所（① - ④）で使われている。そのうち 3 箇所では I テサ 4:9-12 と同じように、共同体の外の人についての呼びかけと組み合わされて兄弟愛が語られる。

①ロマ 12:10「兄弟愛において互いを愛し、尊敬をもって互いに導き合いなさい」。ローマ書はまず信仰義認を教え（3-5 章）、続いて中心的議論であるイスラエルの救い（9-11 章）の後で、12 章からキリスト者としての生き方、生活の仕方を教える中で「兄弟愛」が教えられる。兄弟愛の奨励と同時に、ロマ 13:8 では共同体の外の人について述べる（I テサ 4:12 で共同体の外の人について言及されていたのと同じように）。ロマ 13:8「あなたがたを迫害する人々を祝福しなさい。呪ってはならない」。その後、互いに愛し合うことが 13:8-10 でくり返される。その後で主の日が近づいている、目を覚ましてい

10）　Marshall, *1 and 2 Thessalonians*, 116-117.

るように（13:11-13）という呼びかけがなされる。

②ヘブライ書でも、兄弟愛は共同体の外の人についての関連で語られる。またヘブライ書には来臨についての関心も見られる。ヘブ 13:1「兄弟愛を保ちなさい」。13:2「外の人々への愛も忘れるな。これによってある人々は天使たちを客とした」。また、来臨に関してはヘブライ書でも教えているが、兄弟愛を教える箇所と直接関係づけられてはおらず、10:25「わたしたちが聖所に入る、その日が近づいている」、10:37「来るべき人が来るであろう。それもまもなくであろう」と書かれている。

③Ⅰペト 1:22「あなたがたの清められた魂は、真理の従順において、偽りのない兄弟愛へと向けて、互いに心から持続的に愛し合いなさい」。Ⅰペトロ書では 1:13 でキリストの来臨について述べ、それに基づいていくつかの勧めが書かれている。しかし「兄弟愛」は、1:22 で来臨の教えと直接関連づけられてはいない。またさらにしばらく後の 2:22 で「諸民族の中で、あなたがたの振る舞いを良く保ちなさい」といい、共同体の外への関心が見られる。

④Ⅱペト 1:7「敬虔に兄弟愛を、兄弟愛に愛を（加えなさい［動詞は 1:6 ですでに書かれている］）」。1:8「これらのものがあなたがたに備わり、増し加わり、怠惰で実を結ばない者でないならば、わたしたちの主イエス・キリストを知ることにおいて、あなたがたはますます豊かになる」。この後の箇所で、来臨について教えられるが（1:16）、兄弟愛との関わりで教えられてはいない。

以上の箇所では、兄弟愛は直接、来臨との関わりにおいて教えられてはいない。このことは、Ⅰテサ 4:11 は 4:9-10 の兄弟愛の教えと一まとまりの一般的教えとして読むべきことを示唆している。

2.4. キリストの来臨（4:13-18）と主の日（5:1-11）

無秩序な人々についての教え（Ⅰテサ 5:14）との関連で、まずⅠテサロニ

ケ書の来臨についての教えを検討する（2.4.）。その上で I テサ 5:14 をめぐって 5:12-22 を検討する（2.5.）。そののち II テサ 3:6 の無秩序な人々について理解するため、II テサ 1:7-10（3.1.）; 3:6-13（3.2.）を検討する。

2.4.1. キリストの来臨 (4:13-18)

4:13-18 は以下のように言う。

> 13 節　兄弟たちよ、あなたがたに眠りにつく人々について知らないでいて、希望を持たない残りの人々のように嘆かないようにと願っている。
> 14 節　もしわたしたちが、イエスは死んでよみがえったと信じるなら、神はそのようにイエスを通して、眠りについた人々をイエスと共に導き出してくださるであろう。
> 15 節　わたしたちはこのことを、主の言葉においてあなたがたに語る。すなわち、わたしたち生きている者、主の来臨まで生き残る者は、眠りについた人々より先になることは決してないであろう。
> 16 節　なぜなら、合図の号令と、大天使の声、神のラッパのうちに主御自身が天から下り、初めにキリストにあって死んだ人々が起こされるであろうから。
> 17 節　そして次に、わたしたち生きている者、残っている者たちが、それらの人々と共に一瞬にして雲の中に取り去られ、空中で主と会うであろう。そのようにして、わたしたちは常に主と共にあるであろう。
> 18 節　だからあなたがたは、これらの言葉によって互いに励まし合いなさい。

まず、I テサ 4:13 について。この段落が「知らないでいて」と始まるのは、前の段落が、4:9「兄弟愛については、わたしたちはあなたがたに書く必要はない」と始まるのとは対照的である。それは、13 節以下で述べられることが、テサロニケの人々がすでに知っていることを前提にしていないことを示している。これはパウロとテサロニケの信徒たちの間で交わされる初めての話題であろう。13 節で「嘆かないようにと願っている」のは、テモテが

テサロニケから帰ったばかりなので (3:6)、テモテを通して伝えられた情報に基づいて、テサロニケの教会に「嘆いている」人がいることを知ったためであろう。この状況に対して、パウロは来臨の確かさを確認する (4:14)。来臨はキリストの復活に基づいて、将来の信者の復活を保証するものである。だから来臨に際して、テサロニケで死んだ人々も復活することが、ここで言われる。

次に、15 節の τοῦτο に始まり、2 つの ὅτι (15, 16 節) によってまとめられた 15-17 節の「主の言葉」について。「主の言葉」が指示するのは、福音書に残されているイエスの言葉のことなのだろうか。田川は、イエスが死んで復活すると語った言葉 (マコ 8:31; 9:31; 10:32-34) だと考える。ダンは、マタ 24:43; ルカ 12:39 の「目覚めているように」というイエスの言葉を想定する [11]。

大貫は、「主の言葉」はマタ 12:41-42; ルカ 11:30-32 であって、死者の復活に言及している箇所であるという。キリストの復活によって、キリストの来臨の確かさと [12]、それによって人の復活も確信できるということが、15-17 節でのパウロの主張である。キリストの復活は初穂であり、来臨は人が復活させられる時なのである。「主の言葉」(マタ 12:41-42; ルカ 11:30-32) の中でも「今の時代の者たちと一緒に立ち上がり」(傍点大貫) において、「すべての死人の復活」が言われている点が重要である。それゆえ I テサ 4:15-17 の新しさは、キリストの来臨に際して死者が復活することに言及していることだという [13]。

---

11)　田川「テサロニケ人の教会へ、第一」132 頁：ダン、浅野訳『使徒パウロの神学』417-419 頁。青野は「原始キリスト教の教会の集まりで」、「預言者の口を通して語られた再臨に関することば」と考える（青野『最初期キリスト教思想の軌跡』204-237 頁）。

12)　これは大貫が、パウロの時間論として展開している。「これまで未来のこととして待望されてきたことが、すでに過去の十字架の出来事として、起きてしまっている」（大貫『イエスの時』201 頁）。Beker, *Paul's Apocalyptic Gospel*, 44-53.

13)　さらに大貫が認める I テサ 4:15-17 の新しさは、主と出会う順序が死者から生きている者で、この順序を明確にすることで、死んだ者について心配する信徒に死者が先であることを明言する役割があるという（大貫『終末論の系譜』259 頁）。ベカーも、キリストの復活によって人の復活が確かなものとして示されたことを指摘する。それゆえパウロは死んだ者について嘆く人に、嘆かなくてよいと断言できるのである。来臨の時に生きている

「わたしたち生きている者、主の来臨まで生き残る者は」（15節）という言葉によって、パウロは手紙の執筆時点で自分たちが生きていること、また主の来臨まで生き残る者がいることを述べている。そしてその人たちばかりでなく、死んだ者も来臨の時に復活することになるので嘆くことはない、と述べている。ただしパウロは、自分が生きて来臨に与ると断言してはいない。単に今、自分たちは生きており、生きたまま来臨に与る者もいることを述べているに過ぎない[14]。

パウロは、生きている者も死んだ者も来臨に立ち会うのだから、嘆かないようにと述べ、4:18「だからあなたがたは、これらの言葉によって互いに励まし合いなさい」と結ぶ（この箇所については、本書第7章138-139頁も参照）。

2.4.2. 主の日について（5:1-11）と、しらふでいるようにという励まし

続く5:1-11では来臨の時機についての議論が続く。その時機はわからない。来臨は予期できない、突然現される神の意思であり、パウロはそれがいつかわからないことに疑問を持たない。それゆえ、それまでの生き方の勧めがなされる。パウロは来臨までの間に宣教を続けるのであり、宣教に伴う忍耐の必要があることと、来臨はすぐに来ることとを矛盾なく主張する。パウロはⅠテサロニケ書以外でも目覚めていることを勧め（Ⅱコリ5:13）、教会の健全さを心配する（Ⅱコリ11:28）。それでも来臨は近いことをパウロは主張しつつ、同時にそれまでの間をどのように生きるかについて勧める。

> Ⅰテサ 5:6　わたしたちは残りの者のように眠らず、しかし目を覚ましていて（γρηγορῶμεν）、しらふでいよう（καὶ νήφωμεν）。

1番目の動詞によって「目を覚ましている」ように、すなわち比喩的に油断しないようにという。この動詞はパウロ関連書簡では他に、Ⅰコリ16:13;

者たちが、復活した死者に加わるからである（Beker, *Paul's Apocalyptic Gospel*, 44-53）。

14）Fee, *The First and Second Letters to the Thessalonians*, 173-175; 青野『最初期キリスト教思想の軌跡』204-237頁。

コロ 4:2; Ⅰテサ 5:8 のみで用いられる。

2 番目に使われている、「しらふで、正気でいる」という動詞（νήφειν）は、新約聖書で 5 箇所（Ⅰテサ 5:6; Ⅱテモ 4:5; Ⅰペト 1:13; 4:7; 5:8）、同根の形容詞（ηφάλιος）は牧会書簡の 3 箇所（Ⅰテモ 3:2, 11; テト 2:2）にある[15]。これらのうちⅠテサ 5:6 と同じように「目を覚まして」と共に使われるのは、以下に挙げる 6 箇所であり、いずれも来臨を待つときにしらふでいるようにと呼びかける。

①Ⅰペト 5:8「しらふで、目覚めていなさい」。（直前の 6 節は「謙虚でいなさい。そうして神の力強い手のもとにいて、時至って［神が］あなたがたを高めてくださるだろう」という）。

②Ⅱテモ 4:5「あなたはすべてのことにおいてしらふでいなさい」。直前の 4:1 には「わたしは神と、生きている者と死んだ者とを裁こうとしているキリスト・イエスの前で、彼の顕現と力について証言する」として、キリスト・イエスの顕現が近いこと、その時に正気で、しらふでいることが勧められる。

③Ⅰペト 1:13 でも来臨に関連して言われている。「それゆえ、あなたがたの思考を整え、しらふであり、イエス・キリストの顕現においてあなたがたにもたらされる恵みを完全に望みなさい」。このように、しらふでキリストの現れを待つ信徒の状況を述べている（1:13-21）。

Ⅰテモ 3:2; テト 2:2; Ⅰペト 4:7 では、しらふと同時に σωφροσύνη か、その同根の言葉が用いられている。以下に挙げる④から⑥である。

④Ⅰテモ 3:2「監督は非難されるところがなく、一人の妻の夫で、しらふ

15）　また、ἐκνήφειν を使って、目を覚ましていて、しらふでいるようにと教える箇所は、Ⅰコリ 15:34 にもある。

でいて（νηφάλιον）、節度があり（σώφρονα）、謙虚で、外国人をもてなし、教え導く人であることが求められる」[16]。

　⑤テト 2:2「高齢者はしらふでいて（νηφαλίους）、落ち着いていて、節度があり（σώφρονας）、信仰と、愛と忍耐において健全であるように」。続く箇所の 12 節によれば、キリスト教的節度（σωφροσύνη）は思慮深く正しく、節度ある生活をすることであり、13 節では来臨待望と一対になっている。

> 12 節　救いをもたらす神の恵みはすべての人に現された。それは汚れと世の欲望を拒否し、節度を持ち（σωφρόνως）、義しく（δικαίως）、謙虚に（εὐσεβῶς）今の時を生きるために、わたしたちを教え、
> 13 節　祝福された希望と、大いなる神の栄光と、わたしたちの救い主なるイエス・キリストを、わたしたちが待つように教える。

　⑥Ⅰペト 4:7「すべての終わりが近づいている。祈るために節度を持ち（σωφρονήσατε）、しらふでいるように（νήψατε）」。

以上の箇所では目を覚まして、しらふでいること、節度を保つことが、来臨までの生き方として教えられている。その内容は信仰によって、信仰の尺度によって節度を守るということである[17]。このようにⅠテサ 5:6 のしらふでいるようにという勧めは、パウロ後書簡では、キリスト教的「節度ある生活」（σωφροσύνη）の呼びかけとして展開されている。

　ローマ書では「節度ある、思慮深さ」は次のように言われている。

　ロマ 12:3　私に与えられた恵みによって、あなたがたすべての一人一人

---

16)　この教えが女性について言われるⅠテモ 3:11 でも、「同じように女性たちも敬虔で、誹謗中傷せず、しらふでおりすべてにおいて正気であるように」と、やはりしらふでいることが教えられる。

17)　Marshall, *1 and 2 Thessalonians*, 225.

74

に言う。それぞれに神が分け与えた信仰の尺度によって考え、考える必要を越えて考えてはならない。

ここでは動詞 σωφρονεῖν が使われている。σωφροσύνη（名詞形）は古典ギリシア思想では多く想いすぎず正しく想う、死すべき人間がとどまらねばならない限界を越えてはならないことを意味する。節度、慎みとも言われる概念であるが、パウロにおいてその基準とは「それぞれに神が分け与えた信仰の尺度」、具体的には 6 節で説明されている、それぞれの賜物にふさわしく生きることである[18]。パウロ後の書簡では、この思想が「目覚めていること」として展開されたのではないだろうか。

2.5. 共同体内の無秩序な人々についての戒め (5:12-22)

来臨の時機とそれまでの生き方について教えたのち、Ⅰテサ 5:12-22 で一般的励ましが再開され、14 節に無秩序な（ἄτακτος）人々についての戒めがある。これは、これまでのしらふでいるようにという呼びかけのように来臨を前提にしていないので、別の教えといえるが、来臨期待と結びつけられやすい。というのは、新共同訳、口語訳などでは 14 節の無秩序を「怠惰」と訳して来臨期待と結びつけ、来臨期待ゆえに怠惰な人々がいたと理解するからである。

> 5:14　わたしたちはあなたがたに呼びかける。兄弟たちよ。無秩序な人々を戒め、小心な人々を励まし、弱い人々の世話をし、すべての人に忍耐強くありなさい。

ガヴェンタはこの箇所を、来臨とその切迫に熱狂するあまり秩序を保つことができない——性的道徳を守れない（4:3-8）、落ち着いて生活できない（4:9-12）——人々に向けての教えだと考える。しかし、その人々が来臨期待に熱狂しているとは特定されておらず、5:14 は 4 章にさかのぼって理解する必要

---

18)　田川「ペテロ書簡、第一」294-295 頁。

はない。

①無秩序な人々、5:14（1回）。無秩序（ἄτακτος）が「怠けている者」（新共同訳）と訳されるようになったのは、働かない人が共同体の秩序を乱すという関連で、怠けている、怠惰と考えられるからである。しかし聖書協会共同訳で「秩序を乱す者」と訳しているように、本来は無秩序という意味である。共同体内で「規律なき者たち」[19]、「言うことをきかないでちょこまかしている者」[20] などの訳に示されているように、共同体の秩序を乱す人々のことが言われているが、その理由が来臨であることを示唆するものはない。他に二つのグループの人々に言及があるが、いずれも来臨期待によるものではなく一般的な教えである。

②小心な人々（ὀλιγόψυχος）。4:13-18 から、仲間の信徒の死によって、来臨が来ないことで気落ちしているという理解に反対して、G. フィーは 2:15 に言及された I テサロニケ書の問題である、迫害のために気落ちしている人がいた可能性を指摘する[21]。また田川は、これは何かの結果でがっかりと気落ちしているという一時的状況について語る言葉ではなく、その人の性格について描写する言葉であるから、一時的事件を想定することは適切でないという。

③弱い人々（ἀσθενής）。I コリ 8:7-14 では信仰が十分強くない信徒について用いている。

上記の三つの共通項は、信仰が弱く、しっかりとした行動ができない人々であるが、その理由は特定されていない。それでも三つの勧めは誰に対しても

---

19)　青野訳「テサロニケ人への第一の手紙」220 頁。

20)　田川「テサロニケ人の教会へ、第一」137 頁。II テサ 2:2 にあるような誤った終末理解によって、働かず騒いでいる人の熱狂を戒めると考えるのは、松永『テサロニケ人への手紙』251 頁。フィー、ワナメーカーは来臨期待との関連を考えない。

21)　Fee, *The First and Second Letters*, 211-212.

忍耐強くありなさい、と締めくくられる。通常「忍耐」は、ὑπομονή（Ⅰテ
サ 1:3、Ⅰテサには動詞の使用はない）が用いられる。しかしⅠテサ 5:14 では
「忍耐強くありなさい」（μακροθυμεῖτε）といわれる。その意味は人間関係にお
いて長く忍耐する、その人の性質に関わる問題であって、気を長く持ち、時
間のかかる忍耐を勧めているという[22]。それは来臨期待よりも、むしろⅠテ
サロニケ書の危機として初めから問題になっている迫害（2:14）に際して、
信仰がゆらいでいる人々に対して忍耐強くあるように励ましているというの
が、Ⅰテサロニケ書の文脈にそった理解だといえるのではないだろうか。

3. Ⅱテサロニケ書の勧め

　Ⅰテサ 5:14 と同様な、無秩序な人々についての教えはⅡテサ 3:6 にもある。
そこでまずⅡテサロニケ書の主の日の教えを概観し（3.1.）、Ⅱテサ 3:6-13 を
検討する（3.2.）。

3.1. Ⅱテサロニケ書の主の日について（1:7-10）
　Ⅱテサ 1:7-10 では、主の日について次のような言及がある。

　　7 節　あなたがた、苦しめられている人々が、わたしたちと共にある休
　　息をもって報われることは、神において正しいことである。主イエスが
　　天から、彼の力の下にある天使たちと共に現れる時に。
　　8 節　（主イエスは）燃える炎の中で、神を知らない人々と、わたしたち
　　の主イエスの福音を聞かない人々に罰を与えるであろう。
　　9 節　それらの人々は、主の顔と力の栄光から離されて、罰を、永遠の
　　破滅を受けるであろう。
　　10 節　その時、彼は来て、聖なる人々の中であがめられ、わたしたち
　　があなたがたのところにもたらした証しを信じたすべての信じる人々の

---

　22)　田川は、「そもそも何かをやる前から気が小さくて縮んでいる者だから、その人の基
本的な性質」という（田川「テサロニケ人の教会へ、第一」137 頁）。

中で、驚かれるであろう。それがかの日である。

2章では来臨がすでに来たと考え、動揺している人（2節）がいることを書いている。それについてⅡテサロニケ書の著者は、動揺しないように（2:1）、しっかり立つように（2:15）教える。しかし主の日がいつかはわからないのである。

> 2:6　今や、あなたがたは知っている。抑えているものは、それ自身の時に不法の者を明らかにすることを。

この「抑えているもの」を神と理解すると、来臨の時機は神が決めると主張しており、Ⅰテサ5章で言われた主の日がいつかはわからない、という主張と一致する[23]。

3.2. 無秩序ではなく静かに働く勧め （3:6-13）

タイセンは、Ⅱテサ3章でも教会が終末待望にあることは確かだ（5節）、と考えている。勧告は6節から始まり、13節で一連の勧めをまとめる。

> 3:6　兄弟たちよ、わたしたちはあなたがたに、わたしたちの主イエス・キリストの名によって命じる。無秩序に、わたしたちから受けた伝承によって歩まないすべての兄弟たちから、あなたがたは離れているように。

「無秩序」という言葉はⅠテサ5:14で形容詞（ἄτακτος）であったが、ここでは副詞（ἀτάκτως）である。Ⅱテサで副詞は3:6, 11で、3:7では動詞が用いられている。文脈から、無秩序の内容は明らかである。6節では「わたしたち

---

23)　「神自身が一定の時まで抑止している」（大貫『終末論の系譜』277頁）。「抑えているもの」の理解については諸説ある。たとえばタイセンは、「皇帝ガイウス・カリグラが暗殺され、エルサレム神殿に皇帝の立像を建立させることはできなかったが、カリグラと同じことをしようとする皇帝が後を継ぎ、危機は延期されただけでいずれやって来るという理解をこの箇所は反映している」と考える（タイセン、大貫訳『新約聖書』196頁）。

から受けた伝承によって歩まない」こと、7節では「あなたがた自身が知っ
ている。どのようにわたしたちを見倣うことが必要かを。なぜなら、わたし
たちはあなたがたの間で無秩序ではなかったからである」とあり、3:11では
「わたしたちは聞いている。あなたがたの中のある人が怠惰に歩んでいるこ
とを。何の働きもなく余計なことをしているということである」とある。

　6-12節の勧告で、働くことがたびたび言及される（8, 10, 11, 12節）。

　　3:8　誰からのものであれ、無償のパンを食べなかった。あなたがたの
　　誰にも重荷を負わせないように、わたしたちは夜昼、労苦し苦難の中で
　　働いた。

使徒はパンのために働き続けたということが、Ⅰテサ2:9とほぼ同じ文章で
言われている。パウロたちが夜も昼も働いて、信徒たちに負担をかけないよ
うにしたということを振り返る著者の意図は、テサロニケの信徒たちにもパ
ウロの模範に従って、誰にも負担をかけないように働くように勧めることで
ある。

　3章は、終末待望にある、またキリスト教的愛の共同体として困っている
人を助ける用意がある共同体が、それゆえ利用され搾取されることのないた
めに労働忌避を非難（10節）し、静かに労働することの勧めなのである[24]。

　11節には働くことと対比して、余計なことをして忙しくしている者
（περιεργαζομένοι）について言及される。労働に従事せず、余計なことをし、他
人の事柄に口出しし、忙しく無秩序に騒ぎ回っている者がいる。この言葉は、
新約では使19:19とⅠテモ5:13のみで用いられる。Ⅰテモ5:13では、Ⅱテ

---

[24]　田川も同じ。Ⅱテサロニケ書の著者は「『すぐに終末が来るぞ』と騒ぎまわってい
る」者たちに対して、つまり「パウロ教をかついで、私たちはやがて救われるのです、と
騒ぎ立て、宗教活動に憂き身をやつしてじたばたしている信者に対して、我々は日々まと
もに働いて、静かに日常生活を送ろうではないか、と呼びかけている」と解説している（田
川「テサロニケ人の教会へ、第二」647-648頁）。しかし、田川が述べるように「パウロ教」
なるものがあるとするとそれは誤解である。パウロは手紙の執筆時に自分が生きているこ
とを書いているのみである。

サロニケ書と同じように余計なことをし、また無駄話などをする人々に対する戒めが語られるが、これは終末が近いという期待が高い箇所ではない。それでも余計なことをする人々に対する警告が語られているということは、余計なことをする人の問題は、共同体における普遍的な課題であることを示している。それゆえ、Ⅱテサロニケ書においても来臨期待が高いことを前提にする必要はない。Ⅱテサ 2:11 と対比しつつ、12 節では静かに働くようにと呼びかけている。

> 3:12　わたしたちはそのような者たちに、主イエス・キリストにあって命じ、勧める。自分自身のパンを食べるために静かに働くように。

H. マーシャルは、Ⅰテサ 4:11 の自分のことを行うようにという励まし、また、ロマ 13:1-7 の自分の義務を果たすようにという勧めが、Ⅱテサ 3:12 の自分のパンのために静かに働くこと、Ⅰテモ 2:2「落ち着いた静かな生活」を求めるべきこと、同 11 節以下の女性たちは静かに学ぶようにという教え、Ⅰペト 3:4 の静かな生活の教えにも影響を与えているという[25]。マーシャルが示唆しているのは、パウロ後の書簡がパウロの教え（特にⅠテサ 4:11）から終末待望と同時に、終末を待つ間の生活態度を受け継いだということである。

使徒は労苦して夜も昼も、つまり常に働くことを選び、共同体の人々に負担をかけまいとした。Ⅱテサ 3:12 はそれを見倣うようにという教えである[26]。共同体が「わたしたちから受けた伝承」に従って歩むこと、自分自身のパンのために静かに働くことを教えている[27]。これまで検討してきたように、来臨期待との関連なく一般的な教えとして教えられ、それで十分意味のある教えである。Ⅱテサ 3:11 は、余計なことをする人々に対して自分自身のことをするように教えているのみであって、その理由を来臨期待に熱狂し

---

25)　Marshall, *1 and 2 Thessalonians*, 225

26)　Fee, *The First and Second Letters*, 335.

27)　Wannamaker, *The Epistles to the Thessalonians*, 287-288.

ていることと特定していない。つまりIIテサ 3:6 以下の主張は、あくまでパ
ウロの模範に倣い、自分の手で働くこと、自分の義務を果たし他人に依存し
ないことであり、パウロ後書簡で勧められていくキリスト教的「節度ある生
活」（σωφροσύνη）の勧めの一環として読むことができるのである[28]。

　この静かに働くようにという教えは、Iテサ 4:11; Iテモ 2:2, 11 以下; I
ペト 3:4 の「自分自身のことをする」と根本において同じ教えで、ロマ
13:1-7; Iテサ 4:11 を受け継いだ教えであろう[29]。Iテサ 4:11 では「自分自
身のことを行い、あなたがたが自身の手で働くようさらに努めるように」と
いい、またロマ 13:1-7 は、すべての人に対して負っている義務を果たすよう
にと教えている。

　このような勧めの背景には、共同体の中に、愛の教えによって他者に依存
することをよしとされたと勘違いし、共同体内の豊かな人に依存した人々が
いたのだろう。ガヴェンタは、このような状況が起こったのは、来臨期待に
熱狂する人々が責任ある振る舞いを放棄したためだと考えるが、その必要は
ないであろう[30]。なぜなら来臨の期待によらずとも、他者に依存する「ただ
乗り」の問題は、宗教共同体において普遍的問題だからである[31]。

28）　Marshall, *1 and 2 Thessalonians*, 225; Wanamaker, *The Epistles to the Thessalonians*, 287;
Fee, *The First and Second Letters*, 334-335. W. トリリングは、労働義務を果たすように教え
るIIテサ 3:12 の思想は、のちのキリスト教労働倫理に展開していく考え方で、パウロの教
えとしては時期的に早いと考えられるという（Trilling, *Der Zweite Brief and die Thessalon-
icher*, 151）。本稿では、静かな生活の教えは σωφροσύνη に共通する教えだと考えた。そう
であれば、パウロ以前のギリシア思想に由来する。

29）　Wannamaker, *The Epistles to the Thessalonians*, 287.

30）　ガヴェンタ、野田訳『テサロニケの信徒への手紙 1、2』222 頁。

31）　スターク、穐田訳『キリスト教とローマ帝国』219-239 頁。怠惰な人々への戒めに
ついては、本書第 5 章 103-106 頁も参照。

第5章　Ⅰテサロニケ書とⅡテサロニケ書の文書比較

1. 研究の課題

　19世紀初頭にⅠ、Ⅱテサロニケ書がパウロの真正な書簡であるかどうかが議論され始め、現在ではⅠテサロニケ書の真正性を疑う学者は少ないが、Ⅱテサロニケ書の真正性についての議論は続いている。本稿では、Ⅰ、Ⅱテサロニケ各書を概観し（2.1.、2.2.）、両書の来臨の時機についての記述を比較し、相違点と共通点を指摘する。

　Ⅰテサロニケ書は主の来臨の希望をくり返す（1:9-10; 2:19; 4:13-18; 5:23）と同時に、主の来臨が実際にいつ来るかはわからないこと、それでも来臨の詳細について詮索すべきでないこと（5:1-5）を教える。なぜなら、テサロニケの信徒に対して著者パウロは、来臨は「盗人のように襲うようなことはない」（5:4）と説き、現在は主の来臨を待つ時として、希望を持って（2:19; 3:9; 3:13）「起きていて慎んで」生活すべきだからである（5:6-24）。一方、内容、文体において類似するⅡテサロニケ書は、来臨までの間に起こるべき事柄について、Ⅰテサロニケ書では述べられていない先立って起こるべき出来事について語る。Ⅱテサロニケ書は、十分な予兆をもって来臨が来る、誰にも明らかな一連の出来事の後に来ると語る。そして来臨についての両書の相違を指摘した上で（2.2.）、両書の相違は、来臨に対する共通の関心に基づいていても、それぞれの状況を踏まえた展開であると理解し、Ⅱテサロニケ書をⅠテサロニケ書の思想の後継者と位置づける。

　両書の来臨理解の共通点を指摘した上で、両書の来臨の時機についての議論を比較する（3）。そして両書とも、終末は始まっており、その完成である来臨は近いが、それがいつかわからないと書いていると結論する。さらに両書の共通点として現在の生き方についての教えを取り上げる（4）。現在の生

き方については、希望を持つことと、怠惰な人々への戒めが書かれている。

2. Ⅰテサロニケ書とⅡテサロニケ書の全般的比較 [1]

　新約聖書には、パウロからと記された書簡が 13 通含まれている。その中
で 7 つは真正性が確実視されているが、残りの 6 つはパウロの真筆か否か、
議論されている。Ⅱテサロニケ書もその中の一つである。パウロからと書か
れていながら、真正性について議論があるのは、その内容にパウロの真筆と
見なされる書簡との相違があるからである。Ⅱテサロニケ書の三分の一はⅠ
テサロニケ書の句や文章を踏襲している [2]。手紙の書き出し、本文、終わり
は二つの手紙でほぼ同一である。Ⅱテサロニケ書で扱われる主題はすべてⅠ
テサロニケ書で扱われており、Ⅱテサロニケ書独自の主題はなく、主の来臨
が実現するまでの予兆についてのみがⅡテサロニケ書で独自な議論である。

2.1. Ⅰテサロニケ書

　Ⅰテサロニケ書は、おおまかにギリシア・ローマ時代の書簡の形式を踏襲
している。それは書き手、受取人を記したのち、書き出しの挨拶を含む本文、
終わりの挨拶という形式をとる [3]。ところがこの手紙で特徴的なことは、感謝
が挨拶を越えて引き続いて述べられることである [4]。

　書き出しの挨拶にあたる感謝は手紙の受け手、テサロニケの信徒について
の感謝であり、それが 1:2-10 にあり、感謝はいったん完結する。2:1 からは
パウロたちのテサロニケ宣教を振り返る。2:13; 3:9 では、パウロたちのテサ
ロニケ宣教に深く関わった信徒たちに感謝の言葉を述べる。感謝の言葉は
3:13 まで続く。続いて 4:1-5:24 にはテサロニケの信徒へ向けた励ましがあ

---

　1)　両書の比較の議論は、拙論「テサロニケの信徒への手紙一、二における終末理解」の
一部を参照。
　2)　Beker, *Heirs of Paul*, 80.
　3)　ドーティ、土屋他訳『原始キリスト教の書簡文学』28 頁。
　4)　ロマ 1:8; Ⅰコリ 1:4, 14 など、パウロは書簡の冒頭の挨拶で感謝を述べるが、Ⅰテサ
ロニケ書のように感謝を長々とくり返さない。

り、5:23-28 が終わりの挨拶となっている⁵⁾。この手紙の感謝が長い理由は、感謝が励ましの根拠になるからである。たとえば感謝の言葉は 1:2-10 では次のように書かれている。

　2 節　わたしたちは、絶えずわたしたちの祈りにおいて、あなたがたを思い起こすときに、いつもあなたがたについて神に感謝している。

　3 節　わたしたちは、わたしたちの神であり、父なる神の御前で、あなたがたの信仰による行いと、愛による働きと、希望による忍耐を、思い起こしている⁶⁾。

　4 節　神に愛されている兄弟たちよ、わたしたちはあなたがたが選ばれていることを知っている⁷⁾。

　5 節　なぜなら、わたしたちの福音は、あなたがたに言葉においてだけ

───────────────

5)　感謝は「わたしたち」を主語として語られている。わたしたちとは、パウロとシルワノ、テモテといういずれもテサロニケ伝道に初めから直接携わった人々であり、彼らがテサロニケの教会の信徒に宛てたものである。のちのパウロ書簡では書き手と宛先の書き方は、手紙の内容に従って「使徒から聖なる者たちへ」など詳細な説明を伴うことになるが、IIテサロニケ書の冒頭の挨拶では、誰から誰に宛てた手紙かを簡潔に記すにとどまる。また 2:18; 3:5 では、パウロ一人が主語となり、前面に出ているが、それ以外ではわたしたちが主語である。これは他の手紙と比較すると、わたしたちが主語である分量が長い。これは共同発信人として誰かの名前を挙げても、続く感謝の言葉ですでにパウロ一人が主語となって始められる手紙（Iコリ 1:4; フィリ 1:3; コロ 1:3）と比較すると、Iテサロニケ書は 4:1 の励ましに至るまで、わたしたちを主語としている点で特徴的である。

6)　3 節では、テサロニケの人々について具体的に、信仰による行いと、愛による働きと、希望による忍耐を思い起こしていると語る。信仰、愛、希望の三つの組み合わせは、Iテサ 5:8 でくり返されるほか、Iコリ 13:13; ガラ 5:5; ロマ 5:1-5; コロ 1:4, 5、パウロ書簡以外でもヘブ 10:22-24; Iペト 1:21, 22 に書かれているゆえに定式化されていた慣用的表現である。

7)　4 節では、テサロニケの信徒を家族として「兄弟たち」(αδελφοί) と呼びかけている。パウロ書簡において、この語は 4 つの意味で用いられる。すなわち隣人、同族ユダヤ人、キリスト信者、同労者である。ここではキリスト信者仲間という意味で、この場合兄弟姉妹たちの意味である。Iテサ 1, 2 章を支配しているのは、パウロをはじめ、同労者とテサロニケの信徒との親密な関係である。それはこの兄弟たちという呼びかけ（1:4; 2:1, 9, 14, 17; 3:7; 4:10, 13; 5:1, 4, 14, 25）、また 5:25 のパウロたちのために祈るようにという呼びかけ、家族的表象である父 (2:8)、乳母 (2:7)、孤児 (2:17) といった言葉、再会の願い (2:17-3:5) に表れている。

でなく、力と聖なる霊と豊かな確信によってなったからである。このように働いたわたしたちをあなたがたは知っており、そのようにわたしたちはあなたがたの間で、あなたがたのために働いたのである 8)。

6節　多くの困難の中で、あなたがたは聖なる霊によって多くの喜びと共に御言葉を受け入れたので、わたしたちと主に倣う者となり 9)、

7節　あなたがたはマケドニアとアカイアのすべての信仰者たちの模範となった 10)。

8節　主の言葉があなたがたのところからマケドニアとアカイアにおいて、それだけでなくすべての場所で響き渡り、あなたがたの神への信仰は、わたしたちが何も話す必要がないほどまでに響き渡っている 11)。

---

8)　5節の、言葉だけでなく力によってというテーマは、Ⅰコリ 2:4 でも見られる。そこでは、十字架の言葉は霊と力の証明によってコリントの人々に説得力のあるものになった、と語られている。Ⅰテサ 1:5 では霊と力だけでなく、確信が加えられている。しかし 3 つの分詞の意味することをそれぞれ具体的に区別、特定することは困難である。それはテサロニケの人々を改宗に導いたすばらしい経験、弱さから強さに移された経験の表現である（ホルツ、大友訳『テサロニケ人への第一の手紙』53 頁）。そのためにわたしたちは、あなたがたのために働いたのであるという。

9)　6節の「困難」（θλῖψις）は、迫害に限らず様々な困難をさす言葉で、パウロはこの語によって自らの使徒としての困難を表現している（Ⅱコリ 4:8-12, 23-33）。ここで意図されている困難は、2:14 でパウロはユダヤ人たちから、テサロニケの信徒は同郷人から苦しめられたと書いていることと関連するのだろう。さらにⅠテサ 3:3-4 でもこの語が使われる。この困難はパウロがテサロニケにいる間に予告したものの、パウロのテサロニケ滞在中には起こっていない。その後に事態の展開を旅先で知ったパウロが、テサロニケの信徒が困難に遭い、信仰がゆるがないかを心配している（3:5）ので、状況は変化しているのであろう。

10)　7節の「模範」（τύπος）は、新約聖書中 15 回使われ、パウロ真正書簡では 5 回使われる。この模範とは倫理的手本ではなく、その内容は 8 節にあるごとく、神の言葉を響き渡らせるという、福音に応える態度である。この点でテサロニケの信徒はパウロによって高く評価されている。

11)　8節の「響き渡る」は、新約聖書での使用はここのみである。ラッパのような大きな音が響くという意味である。テサロニケの人々は神の言葉を自分たちだけにとどまらせず、宣教し響き渡らせた。パウロの伝道方式はこのような信徒の反応を期待していた。パウロの拠点伝道方式によれば、まずパウロが各地方の主だった町に拠点教会を始め、その町の教会の信徒たちがあとを引き継いでその地方に伝道することで、全地方に福音が伝わる。それゆえパウロはマケドニアではフィリピ、テサロニケで家の教会を始め、次にアカイアにはコリント教会をつくった。そしてこれらの拠点教会がテサロニケの信徒のように自ら

9節　その人々自身がわたしたちについて語っている。わたしたちがどのようにあなたがたのところへ来て、そしてあなたがたがどのように偶像から立ち帰り、生ける真実なる神に仕えるようになったかを。
10節　さらに天からの御子を待っていることを。（御子は）死者の中からよみがえり、このイエスがわたしたちを来るべき怒りから救い出してくれる方である。

パウロと共同発信人は、1:2-10でテサロニケ教会の人々のあり方について感謝を述べている。これはコリント書に書かれている感謝とは異なる。Ⅰコリ1:4-7の感謝は、今のあり方に問題があっても、恵みの下に置かれたキリスト者であるがゆえに、希望の下でなされた感謝である。一方、Ⅰテサ1:2-10ではテサロニケの信徒の現在のあり方を率直に評価し、感謝している。2-5節まで一文で語られ、行動を描写するための3つの分詞によって、感謝の理由が述べられる。感謝はパウロたちがテサロニケの信徒について、2節の「思い起こす」（ποιούμενοι）、3節の「思い起こす」（μνημονεύοντες）、4節の「知っている」（εἰδότες）ことのゆえに感謝すると語る。その思い起こす内容とは、テサロニケの信徒が選ばれていること（4節）である。6節以降も続けてテサロニケの信徒の様子が語られ、すべての信者の模範となったと評価している。なぜなら6-8節で語られるように、テサロニケの信徒はパウロたちに倣って宣教に励んでいるからである。

　パウロとテサロニケの信徒の関係は良好であり、パウロがテサロニケを離れている現在、パウロはテサロニケの信徒との関係を思い起こし、長い感謝の言葉を述べる。またパウロと同労者たちの働きをテサロニケの信徒が知っている、ということもくり返し語られる[12]。それは2:1から始まる、パウロと同労者たちのテサロニケ訪問を思い起こし、その宣教活動を受け入れたあな

伝道するようになったので、のちにパウロは「しかし今は、もうこの地方に働く場所がなく」（ロマ15:23）と語り、地中海世界からローマ、イスパニアに進出することを望み得たのである。パウロの期待通り、テサロニケの人々は宣教に励んだのである。
　12)　ガラ4:13; フィリ4:15にも見られるが、Ⅰ、Ⅱテサでは特に頻繁である（2:1, 5, 11; 3:3, 4; 4:2; 5:2; Ⅱテサ2:6; 3:7）。

たがた（信徒たち）への感謝として、2:13で感謝の言葉としてまとめられている。つまり手紙は本論（1:2-5:22）の前半におかれた二つの感謝、すなわち1:2-10にある、あなたがたのあり方についての感謝、そして2:1-3:13にある、パウロたちを受け入れたあなたがたへの感謝において、両者の関係を思い起こして感謝し、両者の良好な関係の中で教えられていたことを再確認する。そしてIテサロニケ書後半の4:1-5:22で新しい事態への励ましを述べ、手紙を結ぶ（5:23-28）という構成になっている。このようにパウロたちとテサロニケの信徒の信頼関係、共同体への関心が、手紙4, 5章で述べられる励ましの前提になっている。共同体に害をもたらす性的行動について警告し（4:6）、共同体の成員が互いに励まし合うように（4:18; 5:11）、共同体の生活について呼びかける（5:12-22）。この手紙を修辞的に分類し、自己弁護の手紙であるとか、勧告的手紙、誇示的手紙、再確認の手紙といったことが様々に議論されている。しかし、これまでの両者の関係についての感謝の言葉が長く、その感謝に基づいて励ましをする、というこの手紙の基本的あり方から、再確認の手紙として読むことが適切である [13]。

1章の感謝の言葉の最後である9-10節には、パウロと同労者たちがテサロニケの人々に伝え、テサロニケの人々が受け入れた、そして今度はテサロニケの信徒がマケドニア、アカイアの人々に伝えている事柄が書かれている。この箇所は、初期キリスト教が異邦人に向けて語ったメッセージがどのようなものであったかを伝えている。9節で、テサロニケの人々はパウロと同労者たちを受け入れ、偶像たちから立ち帰り、生ける真の神に仕えていることが語られる [14]。

---

13) Olbricht, "An Aristotelian Rhetorical Analysis of 1 Thessalonians," 227-228.

14) 「立ち帰る」（ἐπιστρέφειν）という語は新約聖書では36回使われている。パウロには3回の使用がある（ガラ4:9; IIコリ3:16; Iテサ1:9）。ガラ4:9は自動詞的に「振り向く」「戻る」の意味で、ユダヤ教律法の支配に「逆戻り」する人々を非難する時に使っている。残りの2箇所はキリスト教への改宗の意味で使っている。使徒言行録ではユダヤ人に対して（3:19, 26; 9:35）、異邦人に対して（11:21; 14:15; 15:3, 19; 26:18-20）立ち返りを勧めている（Légasse「ἐπιστροφή」71-72頁）。ただしパウロによれば、立ち返ることだけでなく、仕え、待つということがキリスト教への改宗者のあり方としてふさわしい。「仕える」（δουλεύειν）（新約聖書では他に使20:19; ロマ7:6, 25; 14:18; 16:18; コロ3:24）は、（奴隷

　10節は9節に続き、テサロニケの信徒が宣べ伝えている事柄である。テ
サロニケの信徒は天からの神の子、神の怒りから救い出してくれる御子を待
っている 15)。その時まで御子は天にとどまり、テサロニケの信徒は来臨を待
つのである。
　この感謝の言葉の終わりの9, 10節に置かれた、御子イエスがテサロニケ
でパウロたちの言葉を受け入れた信徒を来るべき怒りから救い出すという来
臨についての言葉は、Iテサロニケ書においては引き続いて手紙本論の各箇
所に見られる。イエスが来るべき怒りから救う方であることを明らかにして
いるのは、その信仰が共同体の自己理解を形成し、共同体の結束を固め、未
来に向かわせるからである。
　Iテサロニケ書の本論（1:2-5:22）において、来臨についての言葉は以下
のように語られる。感謝の言葉（Iテサ 1:2-10）では、9, 10節。パウロとテ
サロニケの人々の関係（2:1-16）では、神の国と栄光（12節）、終末における
神の怒り（14-16節）。使徒の再来について（2:17-3:13）では、主イエスの来
臨における誉れ（2:19-20）、終末における完成の望み（3:12）。手紙の励まし
（4:1-5:22）では、主の日は来る（4:13-18; 5:1-11）。手紙の結び（5:23-28）では、
主の来臨における完成に希望があること（5:23）をくり返す。

2.2. IIテサロニケ書

　以上で観察したIテサロニケ書の特徴は、IIテサロニケ書には反映されて
いない。Iテサ 1-3章でパウロたちとテサロニケの信徒の親密な関係につい
て思い起こして感謝し、4-5章で励ましを述べるという、Iテサロニケ書に
は顕著なパウロたちとテサロニケの信徒の親密な関係についての言及は、II
テサロニケ書には見られない。Iテサロニケ書に見られる、パウロとテサロ
ニケにおいて回心した信徒との個人的な信頼関係に立脚する対話的な感謝の
言葉（1:2; 2:13）、励ましの言葉（2:11; 3:2, 7; 4:1, 10, 18; 5:11, 14）は、IIテサ

―――――――――
として）仕えるという語が用いられている。パウロと同労者たちは、人を隷属させる偶像
からの改宗、唯一神への絶対的な服従をテサロニケの人々に伝えたのであり、それをテサ
ロニケの人々は受け入れたのである。
　15)　来臨についての言及は、使 3:21 にもある。

ロニケ書では「わたしたちは常に感謝しなくてはならない」(1:3; 2:13)、あるいは「わたしたちは命じる／指示する」(3:4, 6, 10, 12) という。Ⅰテサロニケ書では 4:10 のように自発的なあり方を励ましているが、Ⅱテサロニケ書ではむしろ、義務を語る言葉が用いられている（「励ます／呼びかける」という動詞は、たとえば 3:12 では「命じる」と共に「命じ、勧める」[παρακαλοῦμεν] といわれる）。

また、Ⅰテサロニケ書における共同体の状況に基づいた励ましは、Ⅱテサロニケ書には見られない。共同体の様子を伝える言葉は、わずかにⅡテサ 1:3 で、教会が愛を増し加えているとたたえる箇所だけである。Ⅱテサ 3:6-13 では怠惰な人が共同体の信徒に害を与えるというⅠテサ 4:9-12 と共通する事柄が語られるが、Ⅰテサロニケ書の文脈から読み取れるような、共同体の一員の行動とその共同体への影響といった、共同体全体への関心に基づく教えとしては、Ⅱテサロニケ書では展開されていない。

次に来臨についての描写を比較してみよう。Ⅱテサロニケ書には、Ⅰテサロニケ書にはない終末時の描写 (2:1-12) がある。Ⅰテサ 4:13-18 は、Ⅱテサ 2:2-5 に言及されている終末の到来の手順の詳細について語っていない。来臨に先立って現れる「不法の者」は、マルコ福音書にも見られ、このような終末待望はユダヤ戦争（66-70 年）とエルサレム陥落によって刺激されたものと考えられる。またⅠテサロニケ書にも書かれているパウロの終末論に対応する教えも、Ⅱテサロニケ書では教えを守らない者への、報復を恐れるようにという警告にラディカルに書き換えられている。

デ・ブーアは、Ⅰテサ 1:1-10; 4:13-18; 5:1-5 とⅡテサ 2:1-12 を比較して三つの相違点を挙げ、Ⅱテサロニケ書を第二パウロ書簡と判断している [16)]。まず第一に、Ⅰテサロニケ書では来臨はすぐに起こると考えられているが、Ⅱテサロニケ書では遅れている。また、Ⅰテサロニケ書では来臨は予期しないときに突然訪れることが強調されており (5:2)、その日がいつか知る方法はないこと (5:2-3) が強調されている。しかし、Ⅱテサロニケ書では「不法の秘密の力」「抑えている者」(7 節)、「不法の者」(8 節) の活動が、来臨に先

---

16) de Boer, "Paul and Apocalyptic Eschatology," 375-376.

立って起こるといわれる一連の出来事、来臨の予兆とされ、この点において
は、Ⅱテサロニケ書はⅠテサロニケ書よりも忠実に、ユダヤ教黙示思想的終
末論を踏襲している。

　第二に、最後の審判に際して救いを強調するⅠテサロニケ書と、裁きを
強調して永遠の滅びを語るⅡテサロニケ書では、来臨理解が異なるといえ
る[17]。Ⅱテサロニケ書は、教会の敵対者に対する裁きとして復讐心に満ちた
口調で語るが、そのような表現は、Ⅰテサロニケ書においては見られない。
Ⅰテサロニケ書ではパウロとテサロニケ教会の信徒との関係、主にある交わ
りがもっぱら言及されている。教会の外の人々への関心、すべての人への関
心や、信徒たちの行いの教会外への影響について触れられるのは以下のわず
か 3 箇所にとどまり、それらの箇所では教会の外の人々にも誠実に対応する
ことが求められており、まして復讐の意図は読み取れない[18]。敵対者につい
ての直接的言及はなく、ユダヤとテサロニケにいるキリストにある信徒たち
が受ける苦難（1:6; 2:14; 3:3）と、神の怒り（1:10; 3:13; 5:2-10）との関連で暗
示されるのみだが、Ⅱテサロニケ書では敵対者に対する（3:2-3）来臨に伴う
裁き（1:8, 9）が怒りに満ちて語られる[19]。Ⅰテサロニケ書で教会に属さない
人々は敵対者ではなく、以下のように語られ、Ⅱテサロニケ書とは対照的で
ある。

　　3:12　主があなたがたを豊かにし、互いに対する、またすべての人に対
　　する愛で満たしてくださるように。ちょうどわたしたちがあなたがたに
　　対して愛を抱いているように。

---

　17)　de Boer, "Paul and Apocalyptic Eschatology," 376.
　18)　ただし、Ⅰテサ 2:15, 16 のパウロたちの宣教を妨げるユダヤ人に対する言及では、厳
しい裁きを語る。Ⅰテサ 2:13-16 は、ロマ 9-11 章と同様、パウロが直面したユダヤ教徒か
らの、あるいはキリスト教を信じない人々からの反対を背景とし、この迫害は命の危険を
伴いさえしたことを暗示している。これらのテキストは、4Q504『光体の言葉』の諸国民
との葛藤、神の贖いを祈る言葉に共通するという（Hogeterp, *Expectations of the End*, 245）。
　19)　ガヴェンタ、野田訳『テサロニケの信徒への手紙 1、2』159-165 頁。

5:15　誰も悪に対して悪を見ないように。いつも互いに対して、またすべての人に対しても良いものを求めなさい。

4:12　あなたがたは外の人々に対しても誠実に歩みなさい。そうすればあなたがたは何も欠けるところがなくなるのである。

　第三の相違は、Ⅱテサロニケ書では「主」という言葉がキリスト論的にくり返し使われることである。22回のうち、イエス・キリストと9回、イエスと4回、単独では8回、1回は「平和の主」という言葉において用いられる。このような「主」という言葉の多用は、この手紙の著者にとって、来臨時になされる復讐と裁きにおいて、キリストが主として重要であることを示唆している。つまりⅡテサロニケ書においては、パウロ的な神中心よりも、将来におけるキリストの役割の重要性を強調している [20]。

　以上のような相違は、Ⅱテサロニケ書がパウロの真正書簡であることに疑問を持たせる。Ⅱテサロニケ書は、Ⅰテサロニケ書の終末時の描写の中から自らの関心に従って必要な主題だけを取り上げ、展開したといえる。このような場合Ⅱテサロニケ書では、Ⅰテサロニケ書の教えをおうむ返しに、字義的に模倣している。それはパウロ自身がとった福音の適用とは異なる手法である。Ⅱテサロニケ書の著者はパウロを絶対的権威者として描き、その語った言葉、あるいは書かれた言葉に服従を要求（2:15; 3:14, 17）するが [21]、これはパウロ自身の態度とは異なるパウロ後継者の態度である。Ⅱテサロニケ書で、終末時の描写以外にⅠテサロニケ書と共通するのは、怠惰な行いへの戒め（3:6-12）で、このために落ち着いた生活をするよう招く。来臨の時はそう近くはないことを教え（2:1-17）、現在の生活において自ら働いて生活し教えを守ること、逆に守らなければ裁かれることを教える。Ⅰテサロニケ書では、終末到来まで気をつけて待つようにと教えているが、Ⅱテサロニケ書は、

20）　ベカーは、Ⅱテサロニケ書は新たなパウロ像を持ち込むという。それは黙示的終末における神学者であり、信徒を苦悩から救い出す（Beker, *Heirs of Paul*, 72-75）。

21）　Beker, *Heirs of Paul*, 75.

終末が近いとして浮き足立ち怠惰な生活をする者たちに対して、パウロの後継者である著者がパウロの権威によって勧告している。

2.2.1. Ⅰテサロニケ書のパウロ主義の継承としてのⅡテサロニケ書

　Ⅱテサロニケ書の言及の中に、それがパウロの真筆であることを自ら主張する箇所がある。この箇所から、Ⅱテサロニケ書はキリスト教文書において初めて偽パウロ書簡の存在を明らかにし、それについての警告を発していると理解する研究もある。以下では、Ⅱテサロニケ書が自身についてどのように記述しているか検討していく。

　　2:1　兄弟たちよ、わたしたちは主の来臨について、またわたしたちがイ
　　エス・キリストのもとに集まることについて、（次のように）願う。
　　2:2　霊によって、言葉によって、あるいはわたしたちからのような手紙
　　によって、誰かがあなたがたを惑わして、主の日は始まっているという
　　としても、あなたがたは慌てて動揺させられたり、分別をなくして、混
　　乱したりしないように。

2:2 で言及されているのは、Ⅱテサロニケ書が偽書と判断する「わたしたちからのような」手紙で、誤った教えを述べる手紙である。これはⅠテサロニケ書ではない手紙について語っているか、あるいはⅠテサロニケ書の誤解があったということが考えられる。2:2 で、パウロたちからとしてテサロニケの信徒を惑わす手紙の内容は、「主の日は始まっている」というものである。続いて 15 節では、「兄弟たちよ、今はしっかり立ち、伝承をしっかり守るように。それはあなたがたが、わたしたちの手紙から教えられた言葉である」と語る。このように、Ⅱテサロニケ書が権威を認める手紙で教えられている内容、伝承を守るように勧める。この言葉は同時に、この手紙自身の権威を擁護している。

　さらに 3:6-15 では、教会の秩序を保つため、教会はパウロに絶対服従することが求められている。さらにⅡテサロニケ書が真筆であることを、「手ずから書いた」と主張する（3:17。他にコロ 4:18;　Ⅰコリ 16:21; ガラ 6:11; フィレ

19)。Ⅱテサ 2:2 の偽書に対する警戒と 2:15; 3:17 のⅡテサロニケ書の自己推薦の言葉は、Ⅱテサロニケ書がⅠテサロニケ書の正当な後継者であるという自覚のもとに、Ⅱテサロニケ書は伝承を受け継ぐものであり、その教えに従うようにという堂々たる主張をしている。ベカーは、Ⅱテサロニケ書の著者はパウロに忠実であろうとしつつもパウロの終末論を徹底的に改変しているが、それは教会の安泰のためであり、そうすることでパウロの教えの核心が伝えられると議論している 22)。

　Ⅰテサロニケ書には他の書簡について言及する箇所はないが、手紙全体はパウロたちがかつてテサロニケで教えたことを思い起こさせ、その信頼関係に基づいて書かれている。Ⅱテサロニケ書において、これまで受けた教えを振り返る箇所は、2:2 では「霊」、「言葉」、「手紙」として、2:5 では「語っていた」こととして、2:15 では、「言葉や手紙」として、3:6 では「わたしたちから受けた伝承」として言及する。また 3:17 は、この手紙がパウロによる真正の手紙であると主張する 23)。

2.3. 手紙の権威について（Ⅱテサ 3:17）

> 3:17　パウロの手ずからの挨拶である。それはすべての手紙にある、わたしがそのように書くしるしである。

　手紙はパウロ本人の不在にもかかわらず、パウロの権威によって教えるものであった。Ⅰテサ 5:27 では「手紙がすべての兄弟たちに読まれるように、わたしはあなたがたに命じる」といい、著者は自分の手紙が「すべての兄弟たちに」尊重されるよう要求する 24)。同様の権威主張としてⅡテサ 3:17 が理解できる。しかしⅠテサロニケ書の結びである 5:25-26 は、パウロと手紙の共同発信人であるシルワノ、テモテを含む「わたしたち」と信徒の信頼関係

---

22)　Beker, *Heirs of Paul*, 82.

23)　Ⅱテサ 2:2, 15 とⅠテサロニケ書の影響関係についてはさらに、拙論「Ⅰ、Ⅱテサロニケ書における来臨」（本書第 6 章）を参照。

24)　Beilner「ἐπιστολή」68-72 頁。

に依存して、手紙の信頼性、権威を強調している。他方、Ⅱテサロニケ書本文では、信徒と著者の具体的交流を示唆する箇所はないので、具体的な信頼関係によって手紙の信頼性を確保することができず、それゆえⅡテサロニケ書の著者は、パウロの権威による手紙の信頼性を主張しているのである[25]。そのようにして 3:6 でも「わたしたちから受けた伝承」として「パウロが与えた訓戒」[26] を重んじるように伝える。

　Ⅱテサロニケ書では、2:3-7 で来臨に先立って起こる事柄、8-10 節では先立って起こることは誰の目にも明らかであることが述べられ、現在は、パウロが口頭で、また手紙で語ったことにしっかり立ち生きるように勧める。これは 1 章で敵対者に罰が下るといい、3 章で怠惰な人々についての戒めを述べることと連動しており、手紙は全体として、現在の生き方を教えている。これはⅠテサロニケ書と一致しており、Ⅱテサロニケ書はⅠテサロニケ書を内容的に踏襲しているといえる。しかし、霊的預言を否定する点では（Ⅱテサ 2:15）、パウロと時間的距離のある次の世代が書いていることになる。

　このように考えると、Ⅱテサロニケ書にⅠテサロニケ書についての明確な言及がなく、終末についての教えの整合性を図ろうとしていないことの説明がつく。どちらにおいても来臨の主に従うことが重要なのであり、その限りにおいて両書は一致している[27]。これはパウロ後、パウロの名によって手紙が書かれ、その内容がパウロのものとして尊重され、受け手もパウロの権威によってその教えを読んだことを示唆している。そしてまた、パウロ思想を時代状況に合わせて理解し展開することもあったのではないか。それは偽書というよりも豊かな創作活動の結果と考えられる。

　同時に、紀元 1 世紀、2 世紀初頭の新約聖書各文書、初期キリスト教文書の時代には、新約文書の偽書という概念はなかったと考えられる。テルトゥ

　25）　Trilling, *Untersuchungen zum zweiten Thessalonicherbrief*, 101-108.
　26）　田川「テサロニケ人の教会へ、第二」645 頁。
　27）　辻『偽名書簡の謎を解く』は、終末の到来について述べるⅡテサ 2:1-12 には、Ⅱテサロニケ書の他の箇所に見られる「Ⅰテサロニケ書から借りてきたと思われる表現」が確認できないと指摘する（74 頁）。それはこの箇所こそ、Ⅱテサロニケ書がパウロ思想を継承、発展しているからである。

94

リアヌス、エウセビオスを挙げて、初期キリスト教においてすでに偽書が厳しく非難されていたとする指摘は、新約聖書成立の時代では時代錯誤的である[28]。キリスト教は発生当初、多様であり、多様な文書が生まれた。その多様さは、キリスト教がローマ帝国に公認されるに至り、基準が求められることによって制約を受ける。そのような基準が定まってから偽書批判が起こるのである。G. ライリーは、初期キリスト教文書には途方もないばらつきがあったと観察する。その事情についてライリーは、正典とされるものがなく共通の教理もないのは、初期の教会では信仰の統一が第一義的な関心ではなく、「最後まで耐え忍ぶ者は救われる」（マコ 13:13）に教えられているような救済者への信従と、そのような者たちの作り出す共同体の絆であったからとしている[29]。

3. 両書の来臨の時機についての議論

Ⅱテサ 2:5, 15 とⅠテサロニケ書の文書関係を考察する時に、通常前提されるのは以下の二点である。

　　前提 A.　Ⅰテサロニケ書では、来臨がすぐ来ると言っている。
　　前提 B.　Ⅱテサロニケ書では、来臨はすぐ来ないと言っている。

まず、これらの前提は適切なのかを問いたい。そのためⅠテサロニケ書、Ⅱテサロニケ書それぞれの来臨についての考え方を比較する。
　まず、前提 A. について。Ⅰテサロニケ書では、来臨はすぐ来ると言って

28）　三浦望も、2 世紀後半から 4 世紀のテルトゥリアヌスやエウセビオスの偽書批判を「100 年以前の状況に当てはめるのは困難」としている。三浦「論評　辻学著『偽名書簡の謎を解く──パウロなき後のキリスト教』（新教出版社、2013 年）」59 頁。
29）　ライリー、小門訳『英雄・イエス』296 頁。ライリーは、信仰の教義や正統であることが重要になるのは「福音のメッセージの内容として正しくイエスの教義を守ることが人の救済を決めるとした宗教改革後の問題」としている。R. スタークは、初期キリスト教会は教理の一致ではなく、共同体への結びつきによって会員を増やし、成長したと分析している（スターク、穐田訳『キリスト教とローマ帝国』）。

いるのか。田川はⅠテサ 4:17 によって「第一書簡は『自分たちみんながほとんど全員生きているうちに終末が来る』と宣言」していると理解している [30]。4:17 では「次に、わたしたち生きている者、残っている者たちが、それらの人々と共に一瞬にして雲の中に取り去られ、空中で主と会うであろう。そのようにして、わたしたちは常に主と共にあるであろう」と語り、パウロたちはⅠテサロニケ書が書かれた現在、生き残っており、そのまま生きて主と会うであろうと言っている。また B. D. アーマンは、Ⅰテサ 5:4 が来臨は突然来る、「盗人が夜やって来るように」「突然、破壊が襲う」と言っていると理解している [31]。しかし 5:4 はただ「あなたがたは、兄弟たちよ、暗闇にいるのではない。その日があなたがたを盗人のように襲うことはない」と語るのであって、この言葉によって来臨がすぐに来るとは言われていないのである [32]。アーマンへの反論としては、田川の理解が適切である。「夜中の盗人のように」とは「突然に」、つまり「夜の暗闇の中なら突然襲われることがあっても、昼間ならそういうことは起らない、という意味と、『その日』（主の日）があなた方を突然襲うことはない、という意味が掛けられている」という [33]。

　Ⅱテサ 2:2 の「主の日」は他に、Ⅰテサ 5:2 で使われるのみ（5:4 では「日」のみ）である。他は「来臨」（παρουσία）という語がⅠテサ 2:19; 3:13; 4:15; 5:23 及びⅡテサ 2:1, 8 で使われる。このように来臨予告はⅠテサロニケ書でくり返される（「主の日」「来臨」と言わないが、1:10 も同様）。Ⅰテサロニケ書が、来臨が近いと主張しているかのように読めるのは、これらの来臨予

---

30)　田川「テサロニケ人の教会へ、第一」133-134 頁。

31)　アーマン、津守訳『キリスト教の創造』128 頁。

32)　Wanamaker, *The Epistles to the Thessalonians*, 18.

33)　田川「テサロニケ人の教会へ、第一」134-135 頁。田川は ἐνέστηκεν（現在完了形）を近接未来、目前に迫っている、という意味で理解している。すでに終末が来ていると叫ぶ人たちがいるとしても、現にこの世がまだ続いていることは誰の目にも明らかで、近づいていると言っている、と理解している。他に、辻「排除か？　共棲か？」53 頁 ; Vielhauer, *Geschichte der urchristlichen Literatur*, 94 も同様。岩隈訳註『パウロ初期書簡』55 頁は「主の日が（すでに）来ている」と訳すが、その意図は近接未来と理解している。以上に対して通常の現在完了として理解するのは、Fee, "Pneuma and Eschatology in 2 Thessalonians 2.1-2."

告、そして 4:17 の発言によるのであろう。しかし同時に、5:1 で来臨がいつかは詮索することではないと著者は語る。

> 5:1　だからそれがいつ、どのような時機かについては、兄弟たちよ、あなたがたは書いてよこされる必要はない。

佐竹明は、パウロにとって時機は重要ではなかったことを指摘している。「終末到来の時期の問題は、彼にとって本質的に重要なことではなかったと見るべきであろう。彼にとっては、キリストの十字架と復活においてすでに歴史に介入した神への信頼こそが決定的であった」[34]。このことは、Ⅰテサ 5:1 と同じように χρόνος と καιρός が一緒に用いられる使 1:7 でも、その日がいつかわからないことが言われている。したがって、神が定めた時がいつかわからないことは、両文書では一致した見解といえるだろう。

> 使 1:7, 8　彼らに言われた。「父が御自分の権威において定めた、時や時機については、あなたがたが知るべきことではない。しかし聖霊があなたがたの上に下って、あなたがたは力を受け、エルサレム、全ユダヤ、サマリア、そして地の果てまで私の証人になるであろう」。

ここでガヴェンタは、パウロがⅠテサ 5 章では使 1:8 のように「時は神のみが定めると思い起こさせる言葉」を発していないことに注意している。それは、パウロがテサロニケの信徒たちは時は誰のものか、知っていて当然と見なしたからだという[35]。

続く 5 章の励ましでは、そのような時をどのように生きたら良いかを教える。それは「起きていて、慎んで」生活をするようにとの勧めである。Ⅰテサロニケ書では、来臨までの生活を支える希望が、重要な信仰概念である。

---

34)　佐竹『使徒パウロ』192-193 頁。ダンも、パルーシアがパウロの存命中に起こらないという見通しが彼を困惑させた様子はないという（ダン、浅野訳『使徒パウロの神学』407 頁）。
35)　ガヴェンタ、野田訳『テサロニケの信徒への手紙 1、2』136 頁。

　Ⅰテサロニケ書では全体にわたって来臨、希望、現在の生き方が語られる。Ⅰテサロニケ書の中心的な教えは、神への信頼の下で希望により来臨を待ちつつ、現在を生きることである。終末が突然来るということのみが主張されているのではない。ダンが分析するように、Ⅰテサロニケ書が切迫した終末期待に油を注ぐことになった[36]とすれば、それはⅠテサロニケ書全体から来臨に関する言葉を取り出し、それだけに注目するゆえである。来臨がいつかはわからないが、希望を持って現在を生きるという、パウロが語りたかったことは注目されず、Ⅰテサロニケ書は誤解されたといえるのではないか。そしてⅡテサロニケ書執筆時の読者たちの中には、Ⅰテサロニケ書の記述の中で終末の緊迫性にのみ注目し、来臨はすぐに来ると考えた者もいたということではないか[37]。それゆえ、このようなⅠテサロニケ書の誤解がある状況を憂慮したⅡテサロニケ書の著者は、「主の日はすでに来たかのような」(ὡς ὅτι ἐνέστηκεν ἡ ἡμέρα τοῦ κυρίου) 誤解を正そうとして、その情報源について「主の日はすでに来たかのような、霊や、言葉、あるいはわたしたちからという (ὡς δι᾽ ἡμῶν) 手紙によって」動揺しないようにと語るのである。

　Ⅱテサ 2:2 の理解についての結論として、W. ベイルナーは、2:2 の「霊 (の啓示)、(生ける宣教の) 言葉、わたしたちから (出たという)〈手紙〉」につい

---

36)　ダン、浅野訳『使徒パウロの神学』407 頁。

37)　田川は、4:16 によって、パウロは自分が生きているうちに終末が来て、自分たちは死を味わうことなく生きたまま救われ、肉体の死を死ぬことはないと理解していたという。終末到来の時期も、厳密な時期がいつであるかも問題でないとする。さらに、Ⅰコリ 15:51 で、終末が来るまでにわたしたち皆が死ぬわけではないと言うのは、Ⅰテサ 4:15 でほんの数人が死ぬという発言よりも、終末が来ないことをパウロが自覚した結果だという。しかし、4:13 を死んでしまった人々に関する問いとして、終末の遅延が問題になっていると理解することには反論がある。パウロが新しい話題を始める 4:13 περὶ τῶν κοιμωμένων は、「死にゆく人々について」と訳すことが可能である。というのは、アオリスト分詞なら「眠っている人々」であるが、現在分詞は「眠りにつこうとしている人々」を意味し、これから死ぬ人がいるとすれば、という一般論として「一般的に、もしも信者が死んだらどうなるのだ、という問いに対して答えている」とも読める (田川『テサロニケ人の教会へ、第一』128-129 頁)。この点について筆者は、2017 年日本新約学会大会席上で言及した。4:13 以下は、パウロがいわゆる信徒の死によって「遅延」を自覚したゆえの発言ではなく、一般論として死んでゆく人について語ったものとも考えられるのである。

て、これらは三つの宣教の形態だと理解している[38]。2:2 でこれら三つの宣教形態を挙げているのは、誤解がどのように伝えられたか特定できないからである[39]。しかしいずれにしろ、その内容として「主の日はすでに来た」というのは、誤りであることに注意を喚起する[40]。辻は、Ⅱテサロニケ書がⅠテサロニケ書の誤解を解こうとしているなら「Ⅰテサロニケ書の言葉づかいを巧妙に真似るだけで、誤解が生じたその内容を詳しく説明しないというのは理解しがたい」というが[41]、著者自身にも何がどのように誤解を生んだのか、わからないのである。だから三つの宣教方法すべてを挙げているのである。

松永晋一は、Ⅱテサ 2:2 を「霊によってであっても、言葉によってであっても、またわたしたちから出たかのような手紙によるものであっても、主の日がすでに来ているかのように、すぐに理性を失って動揺させられたり、狼狽させられることがないように」と訳している[42]。ここではⅠテサロニケ書も「主の日はすでに来た」と誤解させた可能性のある情報源の一つとして挙げているのであって、Ⅰテサロニケ書そのものを否定する意図はない。他の情報源も同様に挙げ、霊によってなのか、言葉によってなのか、あるいは手紙によってなのかもしれないが、いずれにしても著者は、「主の日はすでに来た」という誤解を正したいのである。それゆえ「主の日はすでに来たかのような、霊や、言葉、あるいはわたしたちからという手紙によって、あなたがたは慌てて動揺させられたり、分別をなくし、混乱しないように」と語るのである。

次に、前提 B. について。すなわち、Ⅱテサロニケ書では来臨はすぐ来な

---

38) Beilner「ἐπιστολή」70 頁。

39) Hess「διά」343-344 頁によると、διά は、新約聖書では対格を伴い因果関係、属格で道具や手段を示す。「〈仲介するもの〉を表す。属格と共に用いられ、道具、方法である」という。

40) Fee, "Pneuma and Eschatology," 201-202 では以下の用例を挙げ、情報を伝える媒介として手紙が用いられたことを示している（Ⅱテサ 2:15; 3:14; Ⅱコリ 10:9）。手紙が権威を主張するかのようなⅡテサ 3:17 とは区別される。

41) 辻『偽名書簡の謎を解く』43 頁。

42) 松永『テサロニケ人への手紙』215-216 頁。

いと語っているのだろうか。アーマンは、すぐやって来ないと考えたからこ
そ、予兆として「政治的あるいは宗教的な反乱が起こり、反キリストが出現
する。この人物はエルサレム神殿に居座り神を僭称」し、そののちに来臨が
あると書いたと理解する[43]。このようにⅡテサロニケ書を理解することは適
切なのだろうか。Ⅱテサロニケ書における来臨理解、現在理解を検討してみ
ると、Ⅱテサロニケ書においてもⅠテサロニケ書と同様に、すでに終末は始
まっており、来臨は近いが、それがいつかはわからないと書いているのであ
り、来臨はすぐに来ない、あるいは遅れているとは書いていないことを指摘
したい。

　Ⅱテサロニケ書において νῦν、ἄρτι、καιρὸς が用いられる箇所、また動詞が
現在形、現在完了形で使われる箇所には、Ⅱテサロニケ書の現在理解が表れ
ている。たとえば、このように言われる。

　　2:6　今 (νῦν) や、あなたがたは知っている。抑えているものは、それ
　　自身の時に (καιρῷ) 不法の者を明らかにすることを。

νῦν (2:6)、続く 7 節の ἐνεργεῖται は動詞の直説法現在形で、今、現在のこと
として不法の神秘の力はすでに働いているという。これは、Ⅱテサロニケ書
の来臨の表現方法によれば、悪の力が増大している状況であり、終末はすで
に始まっているのである。不法の力が十全に働かないよう抑えている者がい
るが、その抑えている者は、それ自身の時に退き、不法の力を止めなくなる。
そして、その時に主イエスの来臨があると語る（8 節）。

　　2:7　なぜなら、不法の神秘の力はすでに働いている (ἐνεργεῖται) からで
　　ある。（それは、）ただ今 (ἄρτι) 抑えている者がただ中から退くまでであ
　　る。

　　2:11　そして、それゆえ神はそれらの人々に対して、彼らが過ちを信じ

るように誤らせる力を送っている（πέμπει）。

Ⅱテサ1章では、テサロニケの信徒たちに関わることが現在形でいわれる。

1:3　わたしたちは、いつも神にあなたがたについて感謝する義務がある（ὀφείλομεν）。兄弟たちよ。それは当然のことである。なぜなら、あなたがたの信仰が十分に成長し（ὑπεραυξάνει）、あなたがたすべての一人一人の、互いへの愛が増している（πλεονάζει）からである。
1:4　それゆえ、わたしたち自身があなたがたのゆえに、神の諸教会で誇っている。あなたがたのすべての迫害と、あなたがたが耐えている（ἀνέχεσθε）艱難における、あなたがたの忍耐と信仰について。
1:5　それは、あなたがたが神の国にふさわしいとする、神の裁きの正しさの証しである。あなたがたが苦しんでいる（πάσχετε）のは、その神の国のためなのである。

Ⅱテサロニケ書では、直説法現在完了形はほとんど用いられない（2:2, 6; 3:4, 7）44)。来臨描写は直説法未来形で書かれている。

2:8　その時、不法の者は明らかにされるが（ἀποκαλυφθήσεται）、主イエスは、御自身が来臨し現れる時、その口の息でその者を破壊し滅ぼすであろう（ἀνελεῖ）。

以上、動詞の時制によってⅡテサロニケ書の発言を区別し観察できること

---

44)　これまで言及していないのは 3:4, 7。
3:4「主にあって、わたしたちはあなたがたについて確信している（πεποίθαμεν）。あなたがたはわたしたちが命じたことを行っており（ποιεῖτε）、これからもまた行うであろう（ποιήσετε）」。
3:7「あなたがた自身が知っている（οἴδατε）、どのようにわたしたちを見倣うことが必要かを。なぜなら、わたしたちはあなたがたの間で怠惰ではなかったからである（ἠτακτήσαμεν）」。

から、Ⅱテサロニケ書の「現在」への言及によれば、来臨を待つ今は、信徒
たちが不法の神秘の力が働いている中で忍耐している。信徒たちが現在経験
している不法の神秘の力（2:6-7）は、来臨が近いことのしるしでもある。そ
れは同時に信徒たちが成長し、愛が増し、耐えて、苦しみながら、しかし救
いを確信する時なのである。Ⅱテサロニケ書における、終末論的「今」であ
る。それは「ただ今抑えている者がただ中から退くまで」待つ時である。来
臨がいつかはわからない。来臨まで時間があるとか、すぐ来ないとは書いて
はいないのである。そこで来臨を待つ現在の時は、信じるか、信じないかの
決断の時となる。

　以上のようなⅡテサロニケ書の来臨理解は、まず 1:7-8「あなたがたの苦
難は、主イエスが天使たちと共に力をもって天から現れるに及んで、わたし
たちと共にある休息をもって報われ、主イエスが天から彼の下にある天使た
ちと共に（下り）、燃える炎の中で、神を知らない人々と、わたしたちの主イ
エスの福音を聞かない人々は、罰を受けるであろう」に始まり、続く 2-3 章
全体を通して、Ⅱテサロニケ書では伝統的黙示的シンボルが用いられ、裁き
が非常に視覚的で厳格に描かれる [45]。

4. 現在の生き方について

4.1. 希望

　これまでのところⅠ、Ⅱテサロニケ書に共通する教えは、来臨はいつかと

　45）　ダン、浅野訳『使徒パウロの神学』（409 頁）。Ⅱテサロニケ書が描く裁きは、旧約
聖書で語られる神の裁きに由来する。それは詩 50:3（火）、68:1-7（神に逆らう者の滅び）、
80:1（顕現）、80:5（怒り）、82:8（地を裁く）、107:20（破滅からの救い）、イザ 26:19（し
かばねが立ち上がる、主の審判、地に住む者に罪を問う）、42:13（敵を圧倒する）、63:9（民
の苦難を神自身の苦難として救い、贖い、担う）、64:1（柴が火に燃える）、66:18（すべて
の言語の民を集めるために臨む）、ハバ 2:3（定められた終わりの時がある、神に従う人は
信仰によって生きる）、ゼファ 1:15（その日は憤りの日、荒廃と滅亡の日、闇と暗黒、雲と
濃霧の日）、マラ 3:19（主の日、炉のように燃える日）である。これらの旧約聖書箇所はイ
ザ 63:9（Ⅰテサはこちら）を除き、すべてが裁き、また火を伴う裁きの日を語る。つまり
Ⅰテサロニケ書よりもⅡテサロニケ書の描く来臨の方が、旧約聖書の一般的な主の日の理
解であった。アモス以来、主の日に結びついていたのは審判思想であった。

いう議論ではなく、いつかはわからない中で来臨の確かさを確認し、それまで希望を持って苦難に耐え、生きることだと考えた。

次に、現在の生き方についての教えに関して、まずは希望についての議論を検討する。

Ⅰテサ 1:3　わたしたちは、わたしたちの神であり、父なる神の御前で、あなたがたの信仰による行いと、愛による労苦と、わたしたちの主イエス・キリストに対する希望による忍耐を、思い起こしている。

4.1.1. Ⅰテサロニケ書における希望

Ⅰテサ 2:19 では、これまで述べたように信仰に立って生きているテサロニケの信徒たちのゆえに、来臨の時にはパウロたちが冠を受けることをいう。「しかし、あなたがたではなく誰が、わたしたちの希望、喜び、誇りの冠であろうか。わたしたちの主イエスが来る時、彼の前で、あなたがたではないか」。

3:13 では、テサロニケの信徒たちが来臨を待つ希望によって忍耐し続けることが、特に求められる。「わたしたちの父なる神の御前で、わたしたちの主イエスが彼の聖なる者たちすべてと共に来る時に、あなたがたの心が清さにおいて責められることのないものとなるように、あなたがたの心を強くしなさい」。

4:13 では、来臨の希望を持たない人々は死を嘆くことになる。「兄弟たちよ、あなたがたに眠りにつく人々について知らないでいて、希望を持たない残りの人々のように嘆かないようにと願っている」。

5:8 では、信徒たちは盗人が襲うように主の日が突然襲うことのない昼の者であるから、昼の者としてふさわしく生きるように励ます。「しかし、わたしたちは昼の者であるから自制しよう。わたしたちは信仰と愛の胸当てを、救いの希望を兜として着けている」。

門脇は、Ⅰテサ 1:9, 10 に顕著であるパウロの黙示思想について述べ、パウロはユダヤ教黙示思想を修正して、今の時代と来るべき時代という対比はしないことを注記する。キリストの十字架と復活によって、未来が現在に侵入

しているからである。ゆえにイエスが語ったような、「神の国」という語は使われない。それは、「古い時代に新しい時代がもうすでに実現していると見るからである」。それは、「時の終わりはすでに来た」（Ⅰコリ 10:11）、「時は満ち、御子が女から生まれて神から遣わされた」（ガラ 4:4）などにも表現されている。希望を持って現在を生きる信仰者には、待つという忍耐が求められる。来臨によって終末が完成するまでの間を生きる信徒は苦難を経験するが、神の栄光が苦難の真っただ中で現れることを希望できる。イエス・キリストを通して信徒たちはすでに恵みの内に導き入れられ、神の栄光に与る希望の内に喜んでいる [46]。確かにⅠテサロニケ書における来臨待望と希望の言及の多さは、門脇の言葉によって適切に説明される。Ⅱテサロニケ書でも、不法の神秘の力が働く中で（2:7）、神を信頼する希望によって（2:16; 3:3）、今の時の苦難（1:4, 5; 2:7）を生きることが教えられており、やはり「未来が現在に侵入している」時間を生きている。そして、その時間において終末はすでに始まっており、来臨はいつ来るか、という議論については、終末はすでに始まっており、神の御心によって来臨は完成されると主張している。

4.1.2. Ⅱテサロニケ書における希望

　Ⅱテサロニケ書において「希望」（ἐλπίς）が使われるのは 1 箇所のみであるが、Ⅰテサロニケ書の希望と同じように現在の生き方について教え、神を信頼するように勧める。

　　2:16　わたしたちの主イエス・キリスト御自身と、わたしたちの父なる神がわたしたちを愛してくださり、恵みにおいて与えてくださった永遠の慰めと良き希望において。

　3:3 では「希望」という言葉は使われていないが、「主は真実であり、主はあなたがたを力づけ、悪しき者から守ってくださるであろう」といい、神への信頼から希望が生まれることを書き、希望の内容がⅡテサロニケ書の著者

46）　門脇『パウロの中心思想』46-50 頁。

にも十分了解されていることがわかる。

4.2. 怠惰な人々への戒め

　終末に向かう生き方を教える上で、Ⅰテサ 4:11-12; 5:14; Ⅱテサ 3:6-13 には、「怠惰な人々への戒め」がある。

4.2.1. Ⅰテサロニケ書における怠惰な人々への戒め

　Ⅰテサ 4:11　わたしたちがあなたがたに命じておいたように、落ち着いて生活し、自分自身のことを行い、自分自身の手で働くようにしなさい。
12 節　あなたがたは（教会の）外の人々に対しても誠実に、何の助けも求めないように歩みなさい。

　Ⅰテサ 5:13　また、その人々を最も高く評価しなさい。その愛にあるその人々の働きのゆえに。あなたがた自身の間で平和を保ちなさい。
14 節　わたしたちはあなたがたに呼びかける。兄弟たちよ。怠惰な人々を戒め、気落ちしている人々を励まし、弱い人々の世話をし、すべての人に忍耐強くありなさい。

5:14 の「怠惰な人々」とは、4:11 から自分自身の手で働かない人と説明される（詳細は、本書第 4 章 64-76 頁参照）。

4.2.2. Ⅱテサロニケ書における怠惰な人々への戒め

　Ⅱテサ 3:6　兄弟たちよ、わたしたちはあなたがたに、わたしたちの主イエス・キリストの名によって勧める。わたしたちから受けた伝承によってではなく、怠惰に歩むすべての兄弟たちから、あなたがたは離れているように。

「怠惰な人々」の意味はパウロがテサロニケでどのように宣教したかに言及

する箇所に表れる。自分のパンのために働こうとしない者のことである。

　3:8-9　誰からのものであれ、無償のパンを食べなかった。あなたがたの
誰にも重荷を負わせないように、わたしたちは夜昼、労苦し苦難の中で
働いた。(それは)わたしたちが権威を持っていないからではなく、しか
し、わたしたちはあなたがたに、わたしたちを模範として与えたからで
ある。

　大貫は、Ⅱテサロニケ書の「怠惰な人々への戒め」を理解するため、ロー
マのヒッポリュトスによる『ダニエル書註解』に言及されている事例に注目
する。それは「主の日は来た」という言葉を聞いて不安と恐怖にかられ、す
べて財産を売り払い最後の審判を待った人の事例である。その人は思い通り
に終末が来なかったその後は、もとの生活に戻ることができず物乞いによっ
て生きることになったと報告されている。大貫は、これがⅡテサロニケ書の
背景にある状況だと考えている。Ⅱテサロニケ書の怠惰な人々への戒めは、
「主の日はすでに来てしまった」と考える人々が怠惰な生活に堕さないよう
に警告しているという[47]。その人々が自分でパンを得ようとしないのは、ヒ
ッポリュトス『ダニエル書註解』の事例のように、「主の日が来た」と信じ、
恐れのあまり日常生活を放棄し、終末が来なかったとしてももとの生活に戻
れない人々を想定しているという。しかし、Ⅰテサロニケ書にも怠惰な人々
への戒めは書かれている。Ⅰテサロニケ書でも語られるこの戒めは、どのよ
うに説明されるのだろうか。

4.2.3. 怠惰な人々 (ἄτακτος)(Ⅰテサ5:14)、働こうとしない者 (τις οὐ θέλει ἐργάζεσθαι)(Ⅱテサ3:10)

　R.スタークは、初期キリスト教が成長していく過程を社会学的に分析し、
その過程で生じた「ただ乗り」現象について論じている。共同体に属する恩

恵を受け取るのみで、共同体に貢献しない怠惰な人、搾取する人が共同体全体を崩壊させるという現象は、セクトやカルトなど、その共同体への構成員の帰依の水準が高くなければ存続できない集団において、危険度は高くなるという[48]。これはⅠ、Ⅱテサロニケ書が扱っているような、怠惰な人々への戒めをしなくてはならない状況は、終末との関連なく起こりうることを示唆している。

5. 結語

　Ⅰ、Ⅱテサロニケ書を比較していくと、両書では共に明確な終末期待を持って、現在は希望を持って、落ち着いて生きることが勧められている。Ⅰテサロニケ書においては、来臨は盗人のように来て、昼の者を襲うことはないとのみ言われていたが、Ⅱテサ2章においては、来臨がどのように来るのか、またそれに先立って起こる事柄について具体的に教えるのであった。このように観察してくると、Ⅱテサロニケ書はⅠテサロニケ書の来臨観を補足説明しているのであって、対立、否定するものではないことがわかる。補足説明によって一見、Ⅰテサロニケ書とⅡテサロニケ書の来臨理解が対立するように読まれることもあるが、それは両書の執筆の間に時間の隔たりがあることを示しているに過ぎないと考えられるのである。

48）　スターク、穐田訳『キリスト教とローマ帝国』219-239 頁。

第6章　I、IIテサロニケ書における来臨

1. 研究の課題

　新約聖書におけるキリストの「来臨」($\pi\alpha\rho\sigma\sigma\acute{\iota}\alpha$)[1] について考察するときには、同時に「遅延」という事態も問題になる。たとえば G. タイセンの『新約聖書——歴史・文学・宗教』の巻末の用語解説では、「再臨」について次のように解説している。

　　字句通りには「臨在」あるいは「到来」。新約聖書では、当初は直ぐに起きると待望されていたイエスの到来（再来）を指す。このイエスの到来が実現せずに遅れたことが、「再臨の遅延」あるいは「再臨の失望」と呼ばれる[2]。

　新約聖書の各文書成立後も歴史は続き、21 世紀に至ることを考えれば、確かに新約聖書の著者たちが待望した来臨は実現していない。しかしこのような事態を新約聖書の著者たちは「遅れている」、さらには「失望」を持って受け止め、弁明の必要を感じたのだろうか。タイセン自身も前掲書で述べているように、パウロの手紙の中心思想は「切迫した終末待望」とは独立した、希望である。タイセンは、パウロの最初の手紙である I テサロニケ書で希望が語られ、その後の手紙すべてにわたって一貫しているという。「すなわち、

---

　1)　$\Pi\alpha\rho\sigma\sigma\acute{\iota}\alpha$（パルーシア）は、本稿では原義に近く「来臨」と訳す。新約聖書中、キリストの来臨について、一定の合意ある全体像が示されているわけではない。わずかにマコ 13:24-27（マタ 24:29-31; ルカ 21:25-27）; I テサ 4:15-17; II テサ 1:7-10, 28; 黙 14:16; 19:11-16 に、統一性はないが、それぞれが比較的詳しい来臨描写をしているのを見出すことができる。

　2)　タイセン、大貫訳『新約聖書』283 頁。

死者も生者も変わりなく『キリストと共に』いることになるだろう、という思想である（四17、五10）。死においてテサロニケの人々に起こると教えられるのは、すでにキリストにおいて起きた復活にならう。この意味でのキリストとの交わりがパウロの希望の決定的な内容である」とタイセンは書いている[3]。この希望によれば、すぐ来ると期待していた来臨が来ない時、来臨についての教えを弁明するよりも、待ち続けるという反応になるのではないか。パウロは確たる希望を教え、希望によって生きるように励ました。来臨もその希望の一環として教えたのであって、パウロの来臨についての教えは、それがいつ来る、という予告ではない。そう考えると「遅延」という状況はいつまでも生じないのではないか。

　さらにタイセンが来臨は遅延していると考える前提は、歴史が直線的に進むということであろう[4]。しかしパウロがⅠコリ7:29で「時は縮まっている」と言うように、パウロの来臨までの時間理解は直線的ではなく「縮まっている」のである。結論としては本稿では、遅延という概念を用いずにⅠ、Ⅱテサロニケ書の来臨についての教えを理解することを提案したい。

　Ⅰ、Ⅱテサロニケ書におけるキリストの来臨についての記述を遅延という概念によって理解しようとする研究は多い。たとえば、大貫は2019年の著

3）　タイセン、大貫訳『新約聖書』91頁。
4）　筆者もテサロニケ書簡を検討するまでは、歴史を直線的な時間の経過と考え、以下のような理解を支持していた。その代表的な見解は、佐藤敏夫によれば、古代ヘブライ人が世界を初めと終わりのあるものと考え、直線的に歴史を理解していたところから、まずユダヤ教の中で「預言者的終末論」、つまり歴史上の一点において到来する歴史内在的終末が考えられていた（佐藤『キリスト教神学概論』296-307頁）。さらに佐藤の説明によれば、紀元前8世紀、北王国が最も繁栄したヤロブアム2世の時代に、宮廷人や商人が物質的繁栄を楽しみ、民を搾取するのを見た預言者ホセアは、裁きと悔い改めを説き、同時に救いを語った。その救いは出エジプトの出来事を通して民を選び、呼び出した神が、再びイスラエルを荒野で回復するという、歴史内で成就する裁きと救いの希望であった。けれども紀元前2世紀、アンティオコス4世によるユダヤ教迫害などで多くの殉教者が出、歴史内で解決される可能性が見えなくなった絶望的な状況にあって、ユダヤ教は歴史外に終末的解決を求める「黙示文学的終末論」、つまり歴史は古いアイオーンとして廃棄され、新しいアイオーンが到来するという思想を展開した。この黙示文学的終末論が、キリスト教の終末論へと引き継がれていったという。しかしⅠ、Ⅱテサロニケ書の理解を深めるにしたがって、筆者は、パウロの時間理解は直線的歴史の進行を前提にはしていないと考えている。

書『終末論の系譜』で、Ⅰテサ 4:15-17 にはテサロニケの信徒たちに、来臨
の遅延の問題が起こっていたことが反映されているという[5]。4:13, 14 から
は、信徒たちの中から死ぬ者が出たことが窺える。テサロニケの信徒たちは、
近く来臨が起きるはずだという「熱狂的な」来臨待望を持っており、仲間の
信徒が来臨前に死んだことで、残された信徒たちは動揺した。そこでパウロ
は 4:15-17 を執筆した、というのが大貫の理解である[6]。

　やはり近年、辻は、Ⅱテサロニケ書を擬似パウロ書簡と理解し、しかもⅡ
テサロニケ書はⅠテサロニケ書の権威を用いつつ、Ⅰテサロニケ書で教えら
れている切迫した来臨という教えを「語る別の偽名書簡を批判しているかの
ような体裁を採りつつ」、つまり「直接批判することなしに『上書き』して
いる」と理解した。辻においてもやはり遅延という状況が前提にされてい
る[7]。けれども、果たして本当にⅡテサロニケ書の著者は、手紙執筆時に遅
延を問題にしていたのか。本稿では、Ⅰ、Ⅱテサロニケ書の来臨描写を比較
しつつ読むことで、両書は対立する教えではなく、共通する教えを述べてい
ると指摘する。

　本稿のⅠ、Ⅱテサロニケ書の来臨理解の検討において用いるのは、大貫が
前掲書で行った方法である、語り手のイメージネットワークの探求である。
大貫はイエスの言葉を理解するために、イエスのイメージネットワークの探
求を試みた。大貫によれば、イエスは古代ユダヤ教というイメージ共同体、
黙示文学とその周辺に存在していたイメージ共同体の一員であり、イエスと
ユダヤ教文書とは、「当事者の頭の中では、複数のイメージが多くの隙間を
残しながら緩やかにつながっている」として同じネットワークに属していた
と考えている[8]。本稿ではこの考え方を応用して、Ⅰ、Ⅱテサロニケ書に書
かれている来臨をユダヤ教黙示文学のイメージ世界、特に『エチオピア語エ
ノク書（Ⅰエノク書)』に記されている終末における裁きのイメージによって
読み解こうとする。そして明らかになったⅠ、Ⅱテサロニケ書の来臨理解を

---

5)　大貫『終末論の系譜』203 頁。
6)　大貫『終末論の系譜』204 頁。
7)　辻学「排除か？　共棲か？」41-54 頁。
8)　大貫『終末論の系譜』178 頁。

比較しつつ理解し、最後にⅡテサロニケ書の執筆状況について示唆する。

2. Ⅰテサロニケ書における来臨理解

2.1. Ⅰテサ 4:13-18 における来臨描写

　キリストの来臨については、Ⅰテサロニケ書で、新約聖書中で最も詳細な描写がある。著者パウロは[9]、4:13-18 では死んだ者はどのように来臨を迎えるのかについて語り、5:1-11 では来臨がいつかは詮索しないようにと語る[10]。そもそも来臨の議論に至る動機は、4:13 に書かれているように、信徒の中で死んだ者についてテサロニケの信徒たちが悲しんでいるのを慰めるためである。しかし 4:13 以下に至るまでに、この手紙ではすでに来臨についての言及が多くあり、パウロの思考の中心に来臨待望があることを示している。手紙の初めの挨拶に始まり（1:2-3）、パウロとテサロニケの信徒との交流を思い起こし、現在の互いの状況についてパウロが発する言葉や励まし、勧めにおいても（1:9-10; 2:9-12; 19-20; 3:11-13; 5:23-24）、パウロは来臨待望に基づいて語る。それゆえ来臨について、パウロはすでにある程度テサロニケの信徒たちに教えていたと考えられる。けれども 4:13 で「兄弟たちよ、あなたがたに眠りにつく人々について知らないでいて、希望を持たない残りの人々のように嘆かないようにと願っている」と呼びかける、この節の「知らないでいて、嘆かないように」という言葉によって、パウロは新たな情報を書き始めるようである。続く 14 節の「もしわたしたちが、イエスは死んでよみがえったと信じるなら、神はそのようにイエスを通して、眠りについた人々をイエスと共に導き出してくださるであろう」という言葉からは、生き

---

　9)　本稿では、Ⅰ、Ⅱテサロニケの来臨観を考慮して、結論としてはⅠテサロニケ書をパウロの真正書簡、Ⅱテサロニケ書を第二パウロ書簡と考えている。

　10)　多くの学者がⅠテサロニケ書を一貫性のある手紙と考えている。ただし、フリートリッヒは 5:1-11 を後代の付加だと考えている（Friedrich, "1.Thessalonicher 5,1-11, der apologetische Einschub eines Späternen"）。フリートリッヒの議論、また他のⅠテサロニケ書の一貫性を疑問視する議論も提出されているものの、多くの支持を得るに至っていないので、本稿ではⅠテサロニケ書の一貫性を前提に議論している。

てキリストの来臨に与ることなく死んでしまった信徒がどうなるか、「あなたがた」信徒が心配していることがわかる。そこでパウロは、来臨の前に死ぬことになった信徒について新たな説明を試みるのである[11]。

そこでまず13-14節で、神がイエスをよみがえらせたように、イエスに従って死んだ者は死から導き出されること、次に15-18節では、主の言葉に基づいて、生きている者は死んだ者に先んじることはないと語る。そして主の来臨に際して、死んだ者も生きている者も共にキリストに出会うことが確証される[12]。

次に、来臨に際して死者がどのように主と出会うのかが詳細に述べられる。まず15節で結論がいわれる。

15節　わたしたちはこのことを、主の言葉においてあなたがたに語る。すなわち、わたしたち生きている者、主の来臨まで生き残る者は、眠りについた人々より先になることは決してないであろう。

15節の根拠が16節で「なぜなら」と続けられる。

16節　なぜなら、合図の号令と、大天使の声、神のラッパのうちに主御自身が天から下り、初めにキリストにあって死んだ人々が起こされるであろうから。

---

11)　ホルツは、13-18節で「死者たちも救われる」ということが論じられるのは、「テサロニケ人にとって死者の救いは全体として不確かだったこと」が前提にあるという（ホルツ、大友訳『テサロニケ人への第一の手紙』199-200頁）。しかしⅠテサロニケ書は初めから、テサロニケの信徒たちがパウロの教えをよく理解し受け入れたことをほめたたえている。その内容が書かれている1:9, 10では、テサロニケの信徒たちが信じた信仰内容がまとめられているが、その中に復活は明記されている。

12)　Ⅰエノ61:5では、終末の日の裁きについて次のように書いている。義人たちの「測量」に行った天使たちは「わたし」（エノク）にこのように語る。「これらのはかりは地の深みに隠されたすべてのもの、荒野によって滅ぼされたもの、海の魚やけものに飲み込まれたものをあらわにするであろう。彼らがもどってきて選ばれた者（メシア）の日により頼むためである。霊魂の主の前で滅びる者はいないし、滅びることのできるものはいないのだから」（村岡訳「エチオピア語エノク書」225頁）。

17節　そして次に、わたしたち生きている者、残っている者たちが、それらの人々と共に一瞬にして雲の中に取り去られ、空中で主と会うであろう。そのようにして、わたしたちは常に主と共にあるであろう。

16節では「初めに」（πρῶτον）、17節で「次に」（ἔπειτα）、「同時に」（ἅμα）と順序だてて、まず死んだ者が生き返り、次に生きている者と共に雲の中に引き上げられ、両者が共に主と出会うことが語られる。このようにして主張されることは、生きている者が死んだ者よりも優位ではないということ（15節）の説明となる。このように復活の順番を語りつつ、「すべての死人の復活」が語られることに大貫は注目する[13]。大貫はこの箇所を、福音書のイエスの言葉であるマタ 12:38-42（とルカの並行記事）を反映しているものと考える。そこでは過去の人物であるニネベの人々と南の国の女王が、「今の時代の者たちと一緒に立ち上がるという[14]。そのことがⅠテサロニケ書では、死んだ者が復活させられ、今生きている者と共に主に出会うというパウロの言葉に反映されているという。

17節ではパウロは、生きている者も死んだ者も一緒に主に出会うのだから、嘆かないようにと述べ、「だからあなたがたは、これらの言葉によって互いに励まし合いなさい」（18節）と結ぶ。

2.2.「主の言葉」(4:15)

「主の言葉」という言い回しは、新約聖書中この箇所だけである。15節でパウロは、「このこと」（Τοῦτο）を「主の言葉において」語るという。多くの注解者たちは「このこと」をすでに語ったことではなく、これから語ることを指示する言葉として、つまり「主の言葉」の内容はこれから語られる15節 b-17 節 b までを指示すると理解している[15]。

---

13)　大貫『終末論の系譜』201 頁。

14)　大貫『終末論の系譜』158、200 頁。

15)　Holtz「οὗτος」621 頁によれば、οὗτος の述語的用法は後続する言葉を指示することが多いという。Ⅰテサ 4:15 以外に、ガラ 3:17；Ⅰコリ 15:50；Ⅰコリ 1:20 が挙げられている。ホルツは自身の注解書でも同じ見解を示している（ホルツ、大友訳『テサロニケ

　けれどもこの箇所で示される「主の言葉」は、Ⅰコリ 11:23-26 のように、直接引用の印としての εἶπεν（24 節）や λέγων（25 節）を用いて引用されてはおらず、引用句のあるⅠコリ 11:23-26; マタ 26:26-29; マコ 14:22-25; ルカ 22:14-20 とは異なる [16]。したがって、Ⅰテサ 4:15 の「主の言葉」がイエスの言葉の引用なのか暗示なのか、いずれでもないのか、学者の間では議論がある。

　大貫も、パレスチナの原始教会には霊を通して復活のイエスの言葉を取り次ぐ「預言者」たちがいて、そのような預言者が主の顕現を受けて聞いた言葉をここで語っている可能性を認めつつ、Ⅰテサ 4:15-17 は生前のイエスの言葉に由来する、初代教会の伝承からの引用だと理解している。大貫は、福音書の「人の子」の来臨待望が語られる伝承を、パウロがそれらの言葉の「人の子」を「御子」に置き換えつつ用いたと考えた [17]。筆者は大貫が指摘するように、4:15 の「主の言葉」と、共観福音書が伝えるイエスの言葉伝承に共通点があること、その「主の言葉」を用いて、パウロは死んだ者が来臨に与る確証を述べているという議論は説得的であると考える。

　けれどもさらに共観福音書の伝承とⅠテサ 4:16 以下の言葉を比較すると、相違点も明らかになる。大貫がⅠテサ 4:15-17 と影響関係にあるとする「人の子」の到来についての共観福音書の伝承、マコ 8:38（「聖なる天使たち」）; 13:27（「天使たち」）; マタ 24:31（「彼の天使たち」）ではそれぞれ、「人の子」は天使と共に来臨して天使を遣わす。ただしⅠテサ 4:16 では、天使は「大天使」といわれている [18]。また共観福音書では人の子は来臨に際して雲に乗

人への第一の手紙』207 頁）。C. A. ワナメーカーは、ここで「主の言葉」といわれている 16-17 節は、マコ 13 章 ; マタ 24 章（とりわけ 19-31 節）; ルカ 17 章に由来するイエスの黙示的言葉のミドラッシュ的解釈と、15 節 b のパウロのまとめの言葉であると理解する（Wanamaker, *The Epistles to the Thessalonians*, 171）。

　16）　F. F. ブルースは「主の言葉」を、復活の主の言葉を預言者として聞き取った言葉であると理解している（Bruce, *1 & 2 Thessalonians*, 99）。J. プレヴィクも、主の啓示（Ⅰコリ 2:9-10; Ⅱコリ 12:1-10）のごとく理解している（Plevnik, *Paul and Parousia*, 81）。この立場は多く、松永『テサロニケ人への手紙』132 頁 ; ガヴェンタ、野田訳『テサロニケの信徒への手紙 1、2』120 頁 : Malherbe, *The Letters to the Thessalonians*, 267 などがある。

　17）　大貫『終末論の系譜』197-200 頁。

　18）　これに関しては、Ⅰテサ 4:16 に類似したⅡテサ 1:7 でも、天使について「キリスト

って登場するが、4:16 では信徒たちが雲の中に引き上げられて主と会う。この二つの点には、パウロによる「主の言葉」の改変があると考えられる。そしてその改変は、来臨の様子をユダヤ教の黙示文学、特に I エノク書の描く最後の審判のイメージに近づけることになるのである。

2.3. 「大天使」(4:16)

> 16 節　なぜなら、合図の号令と、大天使 (ἀρχάγγελος) の声、神のラッパのうちに主御自身が天から下り、初めにキリストにあって死んだ人々が起こされるであろうから。

16 節ではまず号令、大天使の声、ラッパの音によって主が来臨する場面が描写される。「大天使」(ἀρχάγγελος) という言葉は、旧約聖書 (LXX) では用いられていないが、外典偽典には比較的多く言及される[19]。新約聖書では I テサ 4:16 とユダ 9 節のみで用いられる。

『ギリシア語新約聖書釈義事典』の「ἀρχάγγελος」の項目では「天使の頭、大天使、御使いの頭」と訳され、『IV エズラ記 (エズラ記ラテン語)』4:36 が用例として挙げられている[20]。ただしこの語が使われる箇所で、一人の天使を「頭」とする箇所はまれである。筆者は、『I エノク書』の注解においてG. ニッケルスバーグが記す天使論[21] を参考にしつつ、大天使とは名前を持ち役割を持つ代表格の天使たち (複数) を意味すると考えている。そしてその大天使たちの重要な役割が、終末論的裁きの場で義人に報い、悪を滅ぼす

の力の下にある」という説明が加えられている。

19)　Accordance Oak Tree Software 作成の The Greek Pseudepigrapha, version 6.1 の検索機能を用いると 53 回。

20)　Broer「ἄγγελος」42 頁。旧約聖書では、天使の軍勢の由来は初期イスラエルの聖戦の描写にあったものが (詩 68:18 参照)、やがて主の日の到来を描く際に用いられるようになったという (申 33:2-3; I エノ 1:4-9 参照)。この伝統が、I テサ 3:13 他に反映されている (ゼカ 14:5 参照) と考えることができる (Plevnik, *Paul and Parousia*, 52 参照)。

21)　Nickelsburg, *1 Enoch*, 207-208.

ことなのである[22]。

たとえばⅠエノ 9-10 章では、大天使の名は「ミカエル、ガブリエル、ウリエル、ラファエル」とされる。そして空から「おびただしい血が地上に流され、ありとあらゆる暴虐が地上におこなわれているの」を見る (9:1)、「天の聖者たち」(9:3) である[23]。村岡訳で「天の聖者たち」、本稿では「大天使」と訳しているのは、ニッケルスバーグによれば 4 人の天使の集合で、その後ユダヤ教、キリスト教文学では 7 人グループに拡大されることもある[24]。9 章で地上に行われる暴虐に苦しむ人間の訴えを聞いた大天使たちは、訴えを神に取り次ぐ。すると「大いなる、聖なる至高神は」(10:1)、全地に洪水が起こり、地上にあるものはすべて滅亡することを大天使たちに告げる。4, 6 節では「至高神」はラファエルに、アザゼルを縛り上げ審判の日に火に放り込むこと、9 節ではガブリエルに、「寝ずの番人が生ませた子を」滅ぼすように、11 節ではミカエルに、シェミハザを終末の審判が終わるまで捕らえ滅ぼすこと、というように、大天使たちにそれぞれ役割を与えて地上に送る。

大天使たちは裁きの場で働き、特に義人が報いを受けるために働く。たとえば地上の悪を裁き、滅ぼすために送られる大天使は、ノアの所に送られる時に「彼の子孫が世々代々生き残れるように彼に指示せよ」(10:3) と命じら

---

22)　共観福音書の天使にも役割がある場合がある。毒麦のたとえ (マタ 13:36-43) では、人の子が送り出す天使がすべての罪の原因を刈り取る。マコ 13:26-27 では、人の子は雲に乗って来て、選ばれた者を集めるために天使たちを送る。ルカ 21:27 (並行マタ 24:30-31) では、人の子が天使たちを送り出し、選ばれた者を自ら集める。M. デヴィッドソンによれば、Ⅰエノ 9:1; 10:1, 4, 9, 11 の 4 人の天使たちは、堕天使に裁きを申し渡す時以外にも、神の近くに仕え、神の意思を伝える他の天使たちよりも権威ある役割がある (Davidson, *Angels at Qumaran*, 53)。

23)　村岡訳「エチオピア語エノク書」177-178 頁。以下、翻訳の引用は村岡訳による。本稿ではギリシア語のテキストとしては、H. B. Swete, *The Psalms of Solomon with the Greek Fragments of the Book of Enoch* (Cambridge: Cambridge University Press, 1899) を用いる Accordance Oak Tree Software 作成の The Greek Pseudepigrapha, version 6.1 を用いた。Ⅰエノ 9:4; 20:7 に ἀρχάγγελος が複数形で用いられている。また『Ⅰエノク書』では Fol.2va において、ἀρχάγγελος は複数形である (Knibb, *The Ethiopic Book of Enoch*, 23)。

24)　4 人というのは、エゼ 1-2 章に登場する「四つの生き物」に由来するとニッケルスバーグは議論する。けれどもⅠエノ 14-16 章では天使たちは玉座に近づくことは許されないので、エゼ 1-2 章の四つの生き物と厳密に同じ役割ではないという。

れる。また寝ずの番人の子孫は人間に乱暴を働いたために大天使たちに滅ぼされ（10:15）、大天使たちは地上の悪をすべて払拭することを命じられ、その上で「人の子らはすべて義しいものとなり、すべての民はわたしを神として崇めたたえ、わたしにひざをかがめるであろう。地はいっさいの腐敗、いっさいの罪からきよめられ、災禍、苦難にいっさいあうことなく、世々にわたって、永遠に、洪水をその上にわたしは送らない」と至高神は約束する（10:21-22）。

　　Ⅰエノ 9-10 章における大天使のような役割を持つものは、トビト記（3:16-17; 12:12-15）でも描かれる。苦難の義人であるトビトとサラに、ラファエルが助け手として登場する。ダニエル書では 4 人の天使のグループを選び出すことはしないが、ガブリエル、ミカエルの名が挙げられ、特にミカエルは「大いなる天使」（Μιχαηλ ὁ ἄγγελος ὁ μέγας）（12:1）と呼ばれる。死海文書の『戦いの書』には、ミカエル、ガブリエル、サリエル、ラファエルと呼ばれる天使が登場し（1QM 9:15-16）、終末時の戦いのために協力する [25]。

　　ニッケルスバーグは、これらの大天使たちについて議論したのち、ユダヤ教黙示文学で描かれる大天使たちは、ヨハネの黙示録で天使が描かれる際に影響を与えたばかりでなく、ヨハネ福音書の伝える「弁護者」や、パウロの聖霊理解にも影響を与えているという。またローマ書において聖霊が神の前でキリスト者のために弁護し、仲裁する（ロマ 8:14-17, 26-27）という箇所にも反映されているという [26]。やはりⅠテサ 4:16 でも、Ⅰエノク書に描かれる大天使の審判における役割を知っているパウロが、主の来臨を語る時に共観福音書にある伝承を用いつつ、「大天使」という用語を加えて語ったのではないか。このように、パウロが語る「主の言葉」は、共観福音書に残されている「主の言葉」を反映しつつ、『Ⅰエノク書』の救いと裁きのイメージを取り入れる形でⅠテサロニケ書に記されている。

　　もう一点、共観福音書のイエス伝承とⅠテサ 4 章の来臨の場面とが異なる

　　25）　デヴィッドソンによれば、ミカエルは戦いにおいて天使たちを従えるリーダーである（Davidson, *Angels at Qumaran*, 228）。
　　26）　Nickelsburg, *1 Enoch*, 207-208。

点がある。共観福音書で来臨が語られるとき、人の子は雲に乗って来る。そ
れは共観福音書、ヨハネの黙示録、ダニエル書に見られる雲についての描き
方である。しかしＩテサロニケ書では雲の中に信者が上っていく。これは
『Ⅰエノク書』のイメージでは説明できない。プレヴィクは、Ｉテサ 4:16-17
は様々なイメージを用いて救いを描き、一つのイメージでは説明できないこ
とを指摘する。信徒たちはイエスが復活し、昇天したように雲の中に引き上
げられるのである [27]。これはパウロ独自の描写とも言えるのかもしれない。

　「大天使」の付加と雲についての言及は、救いを強調している。これはそ
もそもＩテサロニケ書全体の来臨描写の中で、来臨に際して行われる裁きに
ついてはただ 1 箇所、2:16 で神の言葉を受け入れない者たちに対していわれ
るだけであり、他に来臨を語る箇所では、救いのみが教えられており（1:10;
2:4, 12）、文書全体の関心は救いであることと一致している。

　来臨における裁きを語るという点はＩテサ 2:16-17 のみにあるが、このテ
キストはⅡテサ 1:7-10 に踏襲されている。

　　7 節　あなたがた、苦しめられている人々が、わたしたちと共にある休
　　息をもって報われることは、神において正しいことである。主イエスが
　　天から、キリストの力の下にある天使たちと共に現れる時に。

ここでは「キリストの力の下にある」と特別に形容される天使によって主の
力が示され、「あなたがた」信徒には休息が、福音を信じない者には裁きが
下されるといい、次に 8 節では「主イエスの福音を聞かない人々に」裁きが
語られる。これはやはり『Ⅰエノク書』の裁きの場面で描かれる、救いと裁
かれる側との描写を反映している。

　それではこの裁きはいつ到来するのか。次に、Ⅰテサロニケ書の来臨の時
機の問題を検討する。

----

27)　Plevnik, *Paul and Parousia*, 89-98.

3. Ⅰテサロニケ書における来臨の時機

3.1. Ⅰテサロニケ書において来臨はいつか

　Ⅰテサロニケ書において来臨はいつとされているか、著者パウロがどのように考えていたかを知る手がかりは2箇所ある。まず4:17で、パウロは来臨を生きて経験する「わたしたち」の中に、手紙執筆時の自身とテサロニケの生きている信徒たちを含めている。次に、5章のパウロが来臨の時機について書く箇所である。

3.2.「わたしたち生きている者」(4:17)

　4:17では、パウロは一人称を使って、生きて来臨を経験する者たちの中に自らを含めている。田川は4:16から、パウロは自分たちの大部分がまだ生きているうちに終末が来、自分たちは死ぬことがないと主張している、と理解している[28]。しかしこれは拡大解釈である。4:17でパウロがテサロニケの信徒たちに手紙を書いている時点で、パウロも手紙の読み手も「生きている者、残っている者」と、生きている信徒を死んでしまった信徒に対比して語っているだけである[29]。パウロが来臨の時機について議論するのは5章である。

3.3. 5章では来臨はいつか

　5:1　だからそれがいつ、どのような時機かについては、兄弟たちよ、あなたがたは書いてよこされる必要はない。
　2節　なぜなら、あなたがた自身が正確に知っているように、主の日は夜、盗人のように来るからである。

---

28)　田川「テサロニケ人の教会へ、第一」133頁。
29)　Fee, *The First and Second Letters to the Thessalonians*, 178-179. W. キュンメルは、主の来臨が時間的に近いとはっきり言及される箇所として、フィリ4:5「主は近い」またロマ13:11; 11:31 他を挙げる（キュンメル、山内訳『新約聖書神学』205-207頁）。

5:2では4章までと異なり、「来臨」とはいわず、「主の日」という。1節で、主の日が実際にいつ到来するかは詮索すべきでないと始まり、2節では主の日が突然到来しても、4節で語られるようにテサロニケの信徒たちは昼の子であるので、主の日が「夜、盗人のように襲うようなことはない」と語る。

　　4節　あなたがたは、兄弟たちよ、暗闇にいるのではない。その日があなたがたを盗人のように襲うことはない。

2節では「主の日」は「来る」といわれていたが、4節では「襲う」という動詞が使われる。また「日」は掛詞で、「昼間」と「日」を意味する。田川は「昼間があなた方を……襲うこともない」と訳しているが、それは「夜の暗闇の中なら突然襲われることがあっても、昼間ならそういうことは起こらない、という意味」であり、5節で昼と夜の対比、6節では目覚めていることが出てくる関連で「昼間」と訳すとわかりやすいが、2節との関連では「その日」(主の日)と訳す方がよいとしている[30]。しかし、「日」には「主の日」と「昼間」の二つの意味があるので、4節はその日、主の日があなたがた信徒を突然襲うことはない、信徒は主の日を警戒することはない、という意味である。その理由は5節にある。

　　5節　なぜなら、あなたがたはすべて光の子、昼の子だからである。あなたがたは夜の子、闇の子ではない。

信徒たちは「夜」「闇」の行いを、光であるイエス・キリストによって捨てた。ゆえに彼らは「夜の子」「闇の子」ではない。「光の子」はイエス・キリストの十字架と復活、さらには来臨によって襲われ、裁かれるのではなく、救われるのである。つまり5章では、主の日は突然来るが、信徒は救いを約束さ

---

　　30)　田川「テサロニケ人の教会へ、第一」135頁。この点については、本書第7章141-143頁参照。

れているので主の日を恐れることはないといわれるのである。

　これに対してキュンメルは、パウロが「（終わりの）『日』が『盗人が夜来るように』突如として到来する、ということを言明している」ばかりでなく、Ⅰテサ 5:2, 4; 4:15-17 とⅠコリ 7:29 の「時は縮まっている」という発言、Ⅰコリ 15:52「終わりのラッパが響いて、死人は朽ちない者によみがえらされ、わたしたちは変えられるのである」という発言をあわせて、パウロが地上で生きている間に来臨を経験すると考えていたことを示すという³¹⁾。しかし、キュンメルが指摘するⅠコリ 7:29「時は縮まっている」という発言については、単に時間的近さを示すのではないことが、大貫によるパウロの時間論で指摘されている³²⁾。それによれば、パウロの主旨は、終末を前に「今」が収縮しはじめているということであり、時間的近さの議論ではない。大貫はすでにこれまでのパウロ研究でいわれているように、「今」は「すでに」と「いまだ」の間に挟まれた、収縮し終わりはじめている時間だという。さらに大貫はアガンペンを引用しつつ「時間の終わりへわたしたちを向かわせる時間」、「収縮し、終わり始めている時間」であるという³³⁾。

　パウロの他の真正書簡では、パウロはキリストの復活に与って復活させられる側に自らを入れている（Ⅰコリ 6:14; 15:52。Ⅱコリ 4:14 も参照）。またフィリ 1:20-23 では、パウロは自分がすぐにも死んで、キリストと共にいる方がより望ましいと語っている。さらにパウロはフィリ 1:20 で「生きるにも死ぬにも」キリストをあがめると書いている。つまり、パウロは自分の生死を、来臨がいつかと結びつけて考えてはいないのである。タイセンによるパウロの希望理解としてすでに紹介したように、パウロは「切迫した終末待望」とは独立した希望を説いており、自分の地上での生死を神にゆだねるという主張が、Ⅰテサ 5:10「（イエス・キリストは）わたしたちのために死に、それはわたしたちがたとえ目覚めていても眠っていても、彼と共に生きるためである」という言葉に表れているのである³⁴⁾。以上の考察をまとめると、

31）　キュンメル『新約聖書神学』206 頁。
32）　大貫『終末論の系譜』205-269 頁。
33）　大貫『終末論の系譜』238 頁。
34）　ダンは、パウロ書簡の中でもそれぞれの手紙によってパウロの終末に対する考え方

Ⅰテサロニケ書では終末における裁きよりも救いに関心があり、緊迫した来臨待望がありつつも、時間的に来臨は近いと主張してはいないということになる。すると後に遅延の問題が起こったのは、パウロを誤解した結果ということになる。

4. Ⅱテサロニケ書における来臨の時機

4.1. Ⅱテサロニケ書における来臨理解

Ⅰテサロニケ書ではくり返し、現在を生きる上での希望が語られる（1:3; 2:19; 4:13; 5:8）。しかしⅡテサロニケ書では1回、「希望」（ἐλπίς）が使われるのみである。

> 2:16　わたしたちの主イエス・キリスト御自身と、わたしたちの父なる神がわたしたちを愛してくださり、恵みにおいて与えてくださった永遠の慰めと良き希望において。

Ⅱテサ 3:3 では「希望」という言葉は使われていないが、神への信頼から希望が生まれることを書き、希望の内容がⅡテサロニケ書の著者にも十分了解されていることがわかる。「主は真実であり、主はあなたがたを力づけ、悪しき者から守ってくださるであろう」。それゆえ、Ⅱテサロニケ書でも信徒は神を信頼する希望によって（2:16; 3:3）、今という時の苦難（1:4, 5; 2:7）を生きることが教えられている。さらに、来臨の到来には明らかなしるしがあるので、現在に現れるしるしを見分けることが教えられる。つまり信徒たちの経験している現在の苦難は、2:7 で「不法の神秘の力が働いている」といわれる現在において、来臨の到来のしるしである「不法の者」と「抑える者」の活動として言い換えられる。後に見るように、「抑える者」が来臨の到来を告げるまで苦難に耐えるように、2:16 では希望が確認される。このように

に変化があると観察するよりも、むしろパウロに一貫して、緊迫した終末待望を認めている（ダン、浅野訳『使徒パウロの神学』417 頁）。

考えると、Ⅰテサロニケ書、Ⅱテサロニケ書の現在理解は、来臨の確かさを語るという点で共通している。それゆえ本稿では来臨理解についてもⅠ、Ⅱテサロニケ書は共通していると考えるのだが、来臨理解について両書は相違、対立するという見解が多い。たとえば、Ⅱテサロニケ書では、Ⅰテサロニケ書が主張する緊迫した来臨期待を批判、訂正している、という理解がある。そこで以下ではまず、Ⅰ、Ⅱテサロニケ書の文書関係を示唆する箇所を取り上げつつ、続いてⅡテサ2章の来臨理解を検討したい。

4.2. 「霊、言葉、手紙」(2:2)

> Ⅱテサ 2:2　主の日はすでに来たかのような、霊や、言葉、あるいはわたしたちからという手紙によって、あなたがたは慌てて動揺させられたり、分別をなくし、混乱しないように。

ここで言及される「手紙」とは何を指示するのか、三つの議論がある。まずはパウロ書簡の偽書、次にⅠテサロニケ書、最後にそのいずれでもない、という三つの立場である。まずは、「主の日がすでに来たかのよう」に主張する、わたしたちからのような手紙とは、アーマンによればⅡテサロニケ書の執筆時にすでに出回っていたパウロ書簡の偽書のことである [35]。

　一方、田川は、Ⅱテサ 2:2 の「わたしたちからという手紙」とは単に、Ⅰテサロニケ書を指示しているとする [36]。「すでにパウロが死んだ後のこの著者の時代になって、まだ第一書簡の文を文字通り信奉してかついでいる信者がいたとすれば、その信者たちは、すぐ明日にも終末が来るの、本当はもうそこまで来ているのと、日常生活もおろそかにして、うわついて騒ぎまわっていたことになろう。そういうパウロ信奉者の存在を頭に置けば、この著者がこういう擬似パウロ文書〔引用者注・Ⅱテサロニケ書のこと〕を書いて、いや本物のパウロはこう言っているよ、と言いたくなったとしても無理はな

---

35)　アーマン、津守訳『キリスト教の創造』28-29 頁。
36)　田川「テサロニケ人の教会へ、第二」627-628 頁。

い」という[37]。辻も、この手紙はやはりⅠテサロニケ書を指示していると考える[38]。

　これに対して本稿では、Ⅱテサ 2:2 は、Ⅰテサロニケ書の誤解があったことを示す文章として理解することを提案する。フィーの理解に賛成し、この文章の「手紙によって」の「よって」を、誤った情報を伝えた手段として理解する[39]。すると 2:2 は「主の日が来たという、わたしたちによる（と言われている）かのような、霊によってであれ、言葉によってであれ、手紙によってであれ（どのような手段であれ）、あなたがたは慌てて動揺させられたり、分別をなくし、混乱しないように」と理解することがふさわしい。このように、2:2 で「霊、言葉、手紙」と三つの伝達方法を挙げているのは、誤解がどのように伝えられたか特定できないからである。しかしいずれにしろ、その内容である「主の日はすでに来た」という理解が誤っていることに注意を喚起しているのである。したがって、Ⅰテサロニケ書が「主の日はすでに来た」と誤解されたことが問題なのであり、Ⅰテサロニケ書そのものについて疑念を示し、これを偽書と特定する意図はないのである。次に、2:2 と同じように「手紙」を問題にする箇所（2:15）と比較すると、霊に対する理解が明確になる。

4.3.「言葉、手紙」(2:15)

　2:15　それゆえ兄弟たちよ、しっかり立ち、あなたがたがわたしたちからの、言葉によってであれ、手紙によってであれ、教えられた伝承をしっかり守りなさい。

ここでは「しっかり立ち」「しっかり守るように」と伝えられた方法として、

---

37)　田川、同上。Lindemann, "Zum Abfassungszweck des Zweiten Thessalnicherbriefs," 35-47 も同様。

38)　辻「排除か？　共棲か？」41-54 頁。

39)　Fee, "Pneuma and Eschatology in 2 Thessalonians 2.1-2, 206. 同じ用例はガラ 1:1「人からではなく、人によってでもなく」（οὐκ ἀπ' ἀνθρώπων οὐδὲ δι' ἀνθρώπου）に見られる。

「言葉によってであれ」「手紙によってであれ」として、2つの方法が述べられる。2:2では、パウロの教えの伝達方法として3つ挙げられていたが、ここではそのうちの「霊」が書かれていない。つまり、「しっかり立ち」「しっかり守る」ための情報源は「霊」ではないのである。このように2:2と2:15を比較して理解することがⅡテサ2章を理解する鍵となる。つまり、霊をめぐる問題があったことが示唆されているのである[40]。霊において語ると主張する人が「主の日はすでに来たかのよう」に語り、さらに慌てふためく人が出たのである[41]。これはⅡテサロニケ書で霊についての言及が少ないことからも納得がいく[42]。Ⅰテサロニケ書では、共同体全体が神によって教えられ（4:9）、一つの霊に参与し「賜物を授けられた（カリスマ的）共同体」であり、「本質的に『霊的な人々』と性格づけられる」[43]のに対して、Ⅱテサロニケ書では霊が重要な信仰の要素としては論じられない[44]。

　このような状況で、霊による預言の言葉に惑わされることなく、2章で述べられる、明らかなしるしによって主の日が来たかどうかを見分けることを勧めるのである。つまりⅡテサロニケ書が書かれた理由は、霊によって「主の日がすでに来た」かのように語る発言を聞いても惑わされず、しっかりと時のしるしを見分けることを教えるためなのである。

　「しっかり立ち」「しっかり守る」ための情報源は「霊」ではないのであ

---

40)　このような状況は、Ⅰコリ14:32でも考えられる。そこでは、預言者は霊を秩序に服させるようにと勧める。

41)　Fee, "Pneuma and Eschatology in 2 Thessalonians 2.1-2," 215.

42)　霊について言及するのは、イエスの霊について（2:8）と、信徒が霊によって聖化されること（2:13）をいう2箇所である。

43)　ダン、浅野訳『使徒パウロの神学』746頁。

44)　一方、Ⅰテサロニケ書では、霊の働きを奨励する教えが続く。

1:5「なぜなら、わたしたちの福音は、あなたがたに言葉においてだけでなく、力と聖なる霊と豊かな確信によってなったからである」。

5:19「霊を途絶えさせてはならない」。

5:23「平和の神御自身が、あなたがたを完全なものとして聖別してくださるように。わたしたちの主イエス・キリストの来臨の時には、あなたがたの霊、魂、体が非難するところのない、完全なものとして保たれるように」。

る[45]。このことがⅡテサ 2 章を理解する鍵ではないだろうか。

　2:2 は 3 つの宣教方法を挙げて、いずれによるか特定できないが誤った教えが伝えられたことを言っていた。2:15 では信徒たちは伝承、すなわち「わたしたちの言葉」か「手紙」によって教えが伝えられるべきものであることを示している[46]。

　2:15 と同じく 5 節でも、以前に伝えたことを振り返り、そこに立つことを教えるかのようであるが、この箇所では黙示文学的手法が使われている。

　　　5 節　これらのことを、まだわたしがあなたがたと共にいるときに、あ
　　　なたがたに語っていたのを思い出さないだろうか。

田川は、読者の間で共通の知識になっているからわざわざ書く必要がない、というこの説明は黙示文学的手法で、読者が知るはずのないことも当然の知識のように書いているという。それは直前の 3, 4 節「誰にもどのような仕方によっても、あなたがたは欺かれないように。なぜなら、まず初めに背教が生じ、不法の者、破壊の子が現れるからである。それは反対者であり、すべて神といわれる者、あるいは礼拝される者に対して、高慢に振る舞う者で、神の神殿に座り、自分が神であると宣言する」が、秘密の知識であることを示すという[47]。3, 4 節はⅠテサロニケ書でも述べていない事柄であるが、このようにしてこれまで教えられてきたことに 3, 4 節を加えるのである。

　これはⅡテサロニケ書で霊についての言及が少ないことからも納得がいく。2 箇所のうち 2:8 はイエスの霊についてであり、残りの 1 回は 2:13 で信徒が霊によって聖化されることをいう箇所だけである。

---

45)　Ⅰコリ 14:32 では、霊に促されて語る預言者の秩序に霊を服させることをいう。

46)　ただし 2:15 は冠詞なしの単数形で「手紙」といっており、それが指示するものをⅠテサロニケ書に限定していない。田川は、漠然とパウロの真正書簡一般を指し、この程度のことは書いてあるという程度の意味と理解している（田川「テサロニケ人の教会へ、第二」640 頁）。

47)　田川「テサロニケ人の教会へ、第二」656 頁。

2:13　それゆえ、わたしたちはいつも、あなたがた主に愛される兄弟たちのために祈る義務がある。というのも、神があなたがたを初穂として選び、霊による聖化と、真理への信仰において、あなたがたが救われるためだからである。

これに対してＩテサロニケ書では、信徒が霊を受けることについて義務ではなくより積極的に言及している[48]。

1:5　なぜなら、わたしたちの福音は、あなたがたに言葉においてだけでなく、力と聖なる霊と豊かな確信によってなったからである。わたしたちがあなたがたのところで、あなたがたのためにどのような者になったかは、あなたがたが知っている通りである。

4:8　したがって、拒絶する人は、人ばかりでなく神を、神の聖なる霊をあなたがたに与える神を拒絶するのです。

5:19　霊を途絶えさせてはならない。
20節　預言を軽んじてはならない。
21節　すべてを吟味し良いものを守り、
22節　すべての種類の悪から遠ざかりなさい。
23節　平和の神御自身が、あなたがたを完全なものとして聖別してくださるように。わたしたちの主イエス・キリストの来臨の時には、あなたがたの霊、魂、体が非難するところのない、完全なものとして保たれるように。

---

48)　ダンは、Ｉテサ 4:15 の「主の言葉」も霊的預言の意味で理解している。イエス伝承ではなく、パウロがもたらした預言、霊の言葉と理解するのである。そして、現代の注解者はこれまで霊に導かれた預言という可能性にあまり目を向けてこなかったが、Ｉテサ 5:19-22 によって、パウロにしてもテサロニケの信徒たちにしても預言に不慣れではないことを指摘している（ダン、浅野訳『使徒パウロの神学』408, 746 頁）。

また霊という言葉は用いられていないが、4:9 は共同体全体が「神によって教えを受けた」ことによって、共同体の「成員はみな 1 つの御霊に参与」したことが示されている [49]。

　　4:9　兄弟愛については、あなたがたに書く必要はない。あなたがた自身が神から教えられ、その通り、行っているからである。

以上の箇所が示すのは、霊、あるいは神から直接教えられたことが、信徒の生活を導くということである。同時に 5:21 では、19 節の「霊」、20 節の「預言」を吟味することが注記される。それは、霊や預言を重んじることによって混乱も生じるであろうことを暗示している。それはⅠコリント書で、霊の賜物であっても異言を語ることを制限しなくてはならなかったことから推測すると（14:1-2）、無理からぬことである。Ⅱテサロニケ書は、霊による預言を制限しなくてはならない状況で書かれているのではないか。そしてⅡテサロニケ書では、霊を制限し、むしろ手紙の権威が重んじられるようになるのである。

　Ⅱテサロニケ書では、2:3-7 に来臨に先立って起こる事柄、8-10 節で来臨に先立って起こることは誰の目にも明らかであることが述べられ、パウロが口頭で、あるいは手紙で語ったことにしっかり立ち、生きることが勧められる。これは 1 章では福音を聞かない人々に罰が下ること、3 章では怠惰な人々についての戒めを述べることと連動して、手紙は全体として、現在の生き方を教えていることになる。これはⅠテサロニケ書の主旨と一致しており、Ⅱテサロニケ書はⅠテサロニケ書を内容的に踏襲しているといえる。しかし霊的預言に距離を置くという点では、Ⅱテサロニケ書は、霊の働きが認められていたⅠテサロニケ書とは時間的距離のある次の世代が、Ⅰテサロニケ書を継承した文書であることを示唆しているのではないか。

---

49)　ダン、浅野訳『使徒パウロの神学』746 頁。

4.4. 来臨に先立って起こる事柄（2:3-7）

以上で議論した 2:2 に続いて、3-7 節では来臨に先立って起こる事柄について述べられている。

> 3節　誰にもどのような仕方によっても、あなたがたは欺かれないように。なぜなら、まず初めに背教が生じ、不法の者、破壊の子が現れるからである。
> 4節　それは反対者であり、すべて神といわれる者、あるいは礼拝される者に対して、高慢に振る舞う者で、神の神殿に座り、自分が神であると宣言する。

ここでⅡテサロニケ書の著者は、来臨までに何が起こらねばならないかを語る。3 節ではまず「背教（ἀποστασία）が生じ」るという。この箇所は口語訳では「背教」、新共同訳では「神に対する反逆」、聖書協会共同訳では「離反」と訳されるが、田川は「背反」と訳し、それはあらゆる背教が生じる状況、すなわちユダヤ教黙示文学、たとえばⅠエノ 91:7 に書かれている終末が来る直前に「あらゆる倫理的、宗教的堕落、背反が生じる」と信じられていたような状況であるという[50]。そこでは最後の審判の様子が、「暴虐、罪、瀆神、不法、その他ありとあらゆる（悪）行がはびこり、背教、咎、けがれがはびこるならば、これらすべてに対して大いなる天罰がくだり、聖なる主が怒りと刑罰をもって出て来て地上に裁きを行われるであろう」と語られる。8 節「そのとき、不法は根絶やしにされ、暴逆の根も偽りとともに（引き抜かれ）、天が下から滅び失せるであろう」と続く[51]。8 節までで悪が撲滅され、9 節では異邦人が回心するという幻が語られ、最後に「義人らは眠りから醒め、知恵が醒めて彼らに与えられる」（10 節）と書かれている[52]。異邦人の回心は、Ⅰ

---

50)　田川「テサロニケ人の教会へ、第二」631 頁。田川は、キリスト者になった者が離反することが背教ではなく、「正しい宗教的態度」からの離脱を意味するという。

51)　村岡訳「エチオピア語エノク書」269 頁。

52)　Nickelsburg, *1 Enoch*, 413.

エノ 10:21-22 で、ノアの洪水の後にも語られる[53]。このようなユダヤ教黙示
文学の終末に先立って起こるとされる出来事が、IIテサ2章に反映している
と考えてよい。すると同時にIIテサロニケ書の著者は、終末の混乱と、その
のちに起こるといわれている異邦人に対する裁きと回心をも念頭に置いてい
たのではないか。というのは、「主イエスの福音を聞かない人々」(1:8) と信
徒の対比が、IIテサ1章で明確に示されているからである。そしてIIテサ2
章でも、3, 4節は「主イエスの福音を聞かない人々」について述べている。
3節では続けて、「不法の者、破壊の子」が生じるという。この箇所の「不法
の者」を理解するために、マタ 24:12 が参考になる。そこでは「不法」、つま
り律法を持たない人間の状況を、神と隣人への愛の欠如として描いている。
これはIIテサロニケ書の「主イエスの福音を聞かない人々」、「不法の者」と
いわれる、神に対する敵対者と同じものである[54]。3節の「滅びの子」も神を
信じない者を意味する。クムラン文書にも「亡びの民」、「滅びの子」といっ
て、神を信じない者を意味する記述がある[55]。4節でさらに明確に神、礼拝さ
れる者に対して、高慢に振る舞う者、神の神殿に座り、自分が神であると宣
言する者が出てくるという。

　4節には、実際に歴史上に起こった事件が反映されていると考えること
もできる。多くの学者が想定するのは、紀元 40 年のカリグラ危機である。
それはヨセフス『ユダヤ戦記』第 2 巻 184-203、『ユダヤ古代史』第 18 巻
261-309、フィロン『ガイウスへの使節』197-203 に記録されている皇帝カ
リグラによる神殿冒瀆事件である。そうすると「神殿に座る」「不法の者」

---

53)　Nickelsburg, *1 Enoch*, 180.

54)　Limbeck「ἀνομία」141 頁。マタ 24:12 の「不法」は、終末時に偽預言者の活動が優
勢となり「隣人愛が冷める」として、偽預言者が「劇的に世界審判者と対決」する状況を
表現している（ルツ、小河訳『マタイによる福音書（18-25 章）』507 頁）。

55)　Kretzer「ἀπώλεια」171 頁によれば、クムラン宗団において神を信じない者、すなわ
ち共同体に属さない者は「滅びの者」「滅びの子」とよばれる（1QS『宗規要覧』9:16, 22;
CD『ダマスコ文書』6:15 参照）。日本聖書学研究所編『死海文書』第 6 版では、「亡びの民」
（IQS 9:16, 22）、「滅びの子」（CD 6:15）と訳されている。なお、ダマスコ文書については、
土岐『死海写本』102-109 頁参照。

とはローマ皇帝権力を意味することになる[56]。いずれにしてもⅡテサ 2:3, 4
で様々にいわれているのは、異邦人の暴虐である。この状況はいつ終わるの
かについて、次の 6, 7 節のなぞめいた言葉が答える。

　　6 節　今や、あなたがたは知っている。抑えているものは、それ自身の
　　時に不法の者を明らかにすることを。
　　7 節　なぜなら、不法の神秘の力はすでに働いているからである。(それ
　　は) ただ今抑えている者がただ中から退くまでである。

6 節で「抑えているもの」と訳した中性形分詞は、7 節では同じ動詞 κατέχειν
に由来する男性形分詞「抑えている者」として用いられる。この 2 つの単
語をどのように理解するかは長く論争されてきたが、大貫の理解によれば、
6 節の「定められた時」、筆者の私訳では「彼の時に」に含意されている、
「受け身形に隠された能動主体」としての神であるという。そしてこの神が
「一定の時まで抑止している」。前頁で考察したカリグラ危機を念頭に、大貫
も「不法の者」はローマ皇帝権力であり、その暴虐を神自身が抑えていると
いう[57]。また大貫は 7 節後半を「ただそれは、今のところ抑えている者が退
場するまで」と訳している (傍点略)。ところが 7 節は新共同訳では「ただ
それは、今のところ抑えている者が取り除かれるまでのことです」と強く否
定的な意味合いを込めて訳しており、聖書協会共同訳も「それは、今抑えて
いる者が退くまでのことです」、岩波訳でも「ただ、〔このような状態が続くの
は〕今抑えている者が舞台から消え失せる時までのことにすぎない」と否定
的に訳している。これに対して大貫は、原文の ἕως ἐκ μέσου γένηται を「舞台
から退場する」という中立的な意味と理解し、「神の抑止が終わる時」、来臨

　56)　大貫『終末論の系譜』275-276 頁。ワナメーカーも同様に、Ⅱテサロニケ書執筆に
より時代的に近い皇帝ガイウスが、紀元 40 年にエルサレム神殿に自分の彫像を建てた事
件と関連づけている (Wanamaker, *The Epistles to the Thessalonians*, 247-248)。他に E. ベス
トはⅡテサ 2:4 を、マコ 13:21 以下に書かれている黙示文学的偽キリスト概念を生み出す
ことになる並行する箇所として理解している (Best, *I & II Thessalonians*, 288-289)。
　57)　大貫『終末論の系譜』274 頁。

が起こることになるという[58]。このように来臨に先立って起こる異邦人の暴虐とその裁きによって、来臨が来たことは誰の目にも明らかとなる。それゆえ、それまでは動揺せず、パウロが口頭で、あるいは手紙で語ったことにしっかり立ち、生きることが勧められるのである。これは1章で「主イエスの福音を聞かない人々」への裁きが語られたことに対比して信徒たちの信仰が励まされ、2:13から手紙の終わりまで怠惰な生活を戒めることをはじめ、現在の生き方について勧めを述べることと連動して、Ⅱテサロニケ書は全体として、読者に現在の生き方を教えることになる。

　以上のように理解すると、Ⅱテサ 2:3-7で語られた「背教が生じ、不法の者、破壊の子が現れ」、異邦人の暴虐に苦しめられる様子は、Ⅰエノ 91章に描かれる暴虐と類似しており、同じイメージネットワークにあるといえる。Ⅱテサ 1:7の「キリストの力の下にある天使たち」の役割も、ちょうどⅠエノク書で語られる、終末において義人に報いをもたらす天使と同じである。Ⅰテサ 4:16の「大天使」、Ⅱテサ 1:7の「キリストの力の下にある天使」は、共観福音書の「主の言葉」において言及される天使としてよりも、Ⅰエノク書に登場する大天使と共通するイメージネットワークの「天使」として理解できる。この点において、Ⅰテサロニケ書とⅡテサロニケ書の来臨理解は共にⅠエノク書を反映したもの、ただしⅠテサロニケ書は終末における救いを、Ⅱテサロニケ書は異邦人への裁きを強調した内容ということになるのではないか。そして、この強調点の違いは、Ⅱテサロニケ書が宛てられた教会の状況がⅠテサロニケ書の執筆状況とは変化している、具体的には、信徒たちと著者がより激しい迫害を耐え忍んでおり、迫害する者への罰をより強く願う状況下で、また直接的な霊の働きよりも使徒たちの教えに忠実であろうとする後継者の世代によって手紙が書かれたためだと考えることができるのである。

---

58)　大貫『終末論の系譜』277-278 頁。

5. Ⅰ、Ⅱテサロニケ書の来臨理解の相違とⅡテサロニケ書の執筆状況

　本稿では、Ⅰテサ 4:16 の「大天使」を手がかりに、Ⅰテサロニケ書の来臨理解は、Ⅰエノク書に描かれる終末の裁きと救いのイメージネットワークを引き継ぐものと考えた。その上で、Ⅰテサロニケ書の来臨理解では終末の裁きにおける信徒の救いを強調し、主の日が来ても信徒は突然襲われ、裁かれるのではなく、救われることを述べている。これに対してⅡテサ 1 章では、終末における裁きにおいて信徒が報いを受けること（1:3-7）、福音を信じない者が断罪されることが明確に語られており（2:16-17）、Ⅱテサロニケ書では「主イエスの福音を聞かない人々」に対する裁きの方に関心があるといえる。また、Ⅱテサ 2 章では、霊による預言の言葉に警戒を示しつつ、終末に先立って起こる事柄に注意するように教えていた。

　このようにⅠ、Ⅱテサロニケ書の来臨理解を考察していくと、両書ともⅠエノク書の終末における裁きに対する考え方を受け継ぎつつ、Ⅰテサロニケ書は信徒の救い、Ⅱテサロニケ書は福音を聞かない者への断罪を強調している。このような共通点と相違点は、Ⅱテサロニケ書がⅠテサロニケ書の来臨理解を継承しつつ、Ⅱテサロニケ書の著者がその執筆状況に合わせた改変を行った結果だと考えられるのではないか。Ⅱテサロニケ書において、終末における信徒の報いと福音を聞かない者への厳しい断罪が強調されるのは、Ⅰテサ 2:14 のみでわずかに触れられるだけであった、信じない者たちからの迫害が、Ⅱテサロニケ書執筆時にはより厳しくなっていたからだと考えられる。

　このような相違点がありつつ、Ⅰ、Ⅱテサロニケ書はいずれも正典に入れられるほど、信頼を持って受け止められ、読み継がれた。偽名書簡の議論の中で辻が指摘するように、「Ⅱテサロニケ書の真筆性が問題とならなかったのは、その内容が『正統的』と見なされた」からである [59]。しかしその正統

---

59)　辻『偽名文書の謎を解く』78 頁。

性は辻が主張するように、Ⅱテサロニケ書がⅠテサロニケ書を継承している
と見せかけつつⅠテサロニケ書を批判し上書きするという仕方で獲得できた
のだろうか。永田は、偽名書簡が「真筆」と見なされ信頼されるには、「伝
達された書物あるいは諸伝承が共同体の信頼を得る内容であ」ることが不可
欠であるとする [60]。つまり、Ⅰテサロニケ書の来臨理解とⅡテサロニケ書の
来臨理解が両方とも信頼を得ていたのは、本稿で見たように、両書が基本的
には同じ来臨理解を持っており、その上で手紙執筆時の教会の状況に合わせ
て来臨の希望を伝えたからではないかと考えた。

60）　永田「『偽名文書の謎を解く』書評」10-11 頁。

第7章　Ⅰテサロニケ書における「主の日」と ゼファニヤ書における「主の日」

1. 問題の設定
──Ⅰテサロニケ書では「緊迫した」終末期待が語られるのか

　パウロ書簡において、キリストの二度目の来臨、パルーシア（παρουσία）は近いと教えられているのだろうか。いずれにせよそれはパウロが生きている間には起こらなかったし、その後、現在におけるまで来臨は起こっていない。この事態を新約聖書学者は、パルーシアの「遅延」という言葉で表してきた[1]。しかしパウロ書簡はパルーシアが近いと、どのような意味で語っているのだろうか。パウロは来臨の確かさを語るが、それが時間的にいつか、という議論をしているのだろうか。Ⅰテサロニケ書においてパウロは来臨の確かさを語るが、明確な時機の議論をしようとしてはいない（本書第6章参照）。わずかにⅠテサ 1:10 では緊迫性を示唆しているかに見える。しかしこれから本稿において議論しようとしているように、Ⅰテサ 1:10 の発言はゼファニヤ書に影響されたものと考えることができる。ゼファニヤ書を参照しつつⅠ、Ⅱテサロニケ書を読むことで、両書で述べられているのは来臨の確かさの強調であって、緊迫性を語っているのではないことを観察する。そののち、他のパウロ書簡における来臨の時機に関する議論を検討する。そして、新約聖書学者の中には、パウロが来臨の緊迫性を主張する箇所として読む者もいる、ロマ 13:12 やⅡコリ 7:29 が来臨の緊迫性を主張してはいない、と結論する。

---

1)　タイセンの用語解説によれば、「再臨」が遅れたことは「再臨の遅延」（Parusiever-zögerung）あるいは「再臨の失望」（Parusieenttäuschung）と呼ばれる（タイセン、大貫訳『新約聖書』283 頁）。

M. スウィニーは、ゼファニヤ書の「主の日」は歴史の終わりについて言及しているのではなく、神殿での礼拝を促す言葉として読む[2]。スウィニーの主張は、パウロの「主の日」をめぐる発言の再検討も促す。パウロがゼファニヤ書を受け継いで「主の日」について書いているのであれば、そのことを反映したⅠ、Ⅱテサロニケ書理解にも影響する。つまりパウロの終末が近いという言葉も、終末論的緊迫性を主張しているものなのか、改めて検討するように示唆している。本稿では、Ⅰ、Ⅱテサロニケ書はパルーシアの緊迫性を教えてはおらず、むしろパルーシアを待望しつつ、神が終末を来らせるまで、信仰によって生きるよう教えていると理解する。

2. 来臨の時機——すぐに来るのか、突然来るのか

多くのⅠテサロニケ書の注解者は、この手紙でパウロは熱心な来臨待望を表明していると考えている。この理解を検討するため、神の怒りについて語る 1:10 とパルーシアという語が用いられる 2:19; 3:13; 4:15; 5:23 を検討する[3]。

2.1. Ⅰテサロニケ書における来臨描写
パウロが来臨についてこの手紙で初めて言及するのは、Ⅰテサ 1:9-10 においてである。

9節　その人々自身がわたしたちについて語っている。わたしたちがどのようにあなたがたのところに来て、そしてあなたがたがどのように偶像から立ち返り、生ける真実なる神に仕えるようになったかを。
10節　また、神が死者の中から起こした御子、すなわち、わたしたちを来るべき怒りから救い出すイエスが天から（下るのを）待つようになっ

---

2)　Sweeney, *Zephaniah*, 81.
3)　ダン、浅野訳『使徒パウロの神学』401-409 頁。

たかを [4]。

　パウロが 1:10 で神の「来るべき怒りから救い出すイエス」と書くとき、この神の怒りとは終末論的審判を意味しているのだろうか。くり返される宗教的な浄めの意味で語られている可能性はないだろうか。

2.1.1.「来るべき怒り」について（1:10）

　「怒り」は、Ⅰテサ 1:10 における来臨描写において際立っている。ここでパウロは「来るべき怒り」（τῆς ὀργῆς τῆς ἐρχομένης）という。旧約聖書では「怒り」について多くの言及があり、パウロはそれらを受け継いでいるのであろう。イザ 13:9 においては「主の日」は「神の怒りの日」（ἡμέρα κυρίου ἀνίατος ἔρχεται θυμοῦ καὶ ὀργῆς）である。LXX ゼファ 1:18（ἡμέρα ὀργῆς κυρίου）また 2:3（ἐν ἡμέρᾳ ὀργῆς κυρίου）でも同様である。

　しかし、パウロが神の怒りについてⅠテサ 1:10; 5:9 において言及するとき、パウロの関心は怒りからの救いにある [5]。Ⅰテサ 2:19 と 3:13 において、パウロはテサロニケの信徒が熱心な信仰のゆえに報いを受けることを期待していると書く。

　　2:19　しかし、あなたがたではなく誰が、わたしたちの希望、喜び、誇りの冠であろうか。わたしたちの主イエスが来られる時、彼の前で、あなたがたではないか。

　　3:13　わたしたちの父なる神の御前で、わたしたちの主イエスが彼の聖なる者たちすべてと共に来る時に、あなたがたの心が清さにおいて責め

---

4)　以下、注がない場合は私訳。
5)　Ⅰテサロニケ書では、2:16において、キリスト教を迫害する者に神が怒りによって罰をもたらすと語る。ここで「最終的な怒り」（ἡ ὀργὴ εἰς τέλος）が下るといわれている点には様々な議論がある。たとえばブルースの訳では、「究極の」（to the uttermost）と訳されている（Bruce, *1 and 2 Thessalonians*, 48）。この訳には終末論的含意はないが、フィーの訳では「最後に」（at last）という（Fee, *The First and Second Letters to the Thessalonians*, 90）。

られることのないものとなるように、あなたがたの心を強くしなさい。

これらの来臨描写は、来臨に際して起こることを明確に書く一方、しかし来臨がいつかについてのはっきりした言及をしない。

2.1.2. 主の日に起こることについて （4:13-18）

Ⅰテサ 4:13-18 において、パウロはその「日」がどのようになるかを描写しており、5:1-11 ではその「日」の時機について述べている。そこでこの 2 箇所についてより詳細に検討し、その「日」は緊迫していると述べているかどうかを検討したい。

> 13節　兄弟たちよ、あなたがたに眠りにつく人々について知らないでいて、希望を持たない残りの人々のように嘆かないようにと願っている。
> 14節　もしわたしたちが、イエスは死んでよみがえったと信じるなら、神はそのようにイエスを通して、眠りについた人々をイエスと共に導き出してくださるであろう。
> 15節　わたしたちはこのことを、主の言葉においてあなたがたに語る。すなわち、わたしたち生きている者、主の来臨まで生き残る者は、眠りについた人々より先になることは決してないであろう。
> 16節　なぜなら、合図の号令と、大天使の声、神のラッパのうちに主御自身が天から下り、初めにキリストにあって死んだ人々が起こされるであろうから。
> 17節　そして次に、わたしたち生きている者、残っている者たちが、それらの人々と共に一瞬にして雲の中に取り去られ、空中で主と会うであろう。そのようにして、わたしたちは常に主と共にあるであろう。
> 18節　だからあなたがたは、これらの言葉によって互いに励まし合いなさい。

15節で、パウロはテサロニケの信徒たちに、来臨を生きて迎える人々はすでに死んだ人々に先んじることはないと語る。そして死んだ人々と生きている

人々は合流して主に会うという（4:10-17）。

5:13で死んだ人々に言及する際に用いられるのは、「眠る」という動詞の現在分詞形である。この現在分詞は現在進行中の動作を表現すると理解してよい。それは眠りにつきつつある、あるいは今、眠っている人々ということになる。現在分詞は「相対的に、未来を多様な意味で表現する」[6]。それゆえパウロが「眠りにつく人々」というとき、未来における信徒の死について述べようとしているのではないか。

すると、信徒の突然の死が共同体内に混乱を起こした、というタイセンの議論は読み込みということになる。タイセンは、パウロが教えた来臨を経験せずに死んだ信徒がどうなるのかについて、恐れる者がいたというのである[7]。タイセンは、パウロはⅠテサ4:17を、疑いを持つ信徒たちに向けて、終末についての希望を捨てないよう励ますために書いたと結論する[8]。またダンも、パウロがⅠテサロニケ書を書いたのは信徒の突然の死という事態を受けてのことであると考えている[9]。しかしながら、本稿では4:13を、テサロニケの共同体において突然の死者が出たという仮定をする必要はないと考える。なぜなら、4:17でパウロは、信徒は生きていても死んでいても、来臨に際してキリストと共にいることになると書いていて、この言葉は特別の状況を前提としなくても、来臨についての一般論を述べたものとしても、十分理解できるからである。

---

6)　Blass and Debrunner, *A Greek Grammar of the New Testament and Other Early Christian Literature*, 174-175.

7)　同様にフィーは、信仰共同体の誰かが予期せずに死んだので、パウロは悲しむ人々を希望を持つように励ますために、18節を語ると考えている（Fee, *The First and Second Letters to the Thessalonians*, 166）。

8)　タイセン、大貫訳『新約聖書』91頁。ダンも同様（ダン、浅野訳『使徒パウロの神学』403頁）。タイセンやダンは、テサロニケの信徒の何人かが亡くなったということを前提に4:15を理解する。何人かの信徒の死をきっかけにして、信徒の間に、主の来臨に際してすでに死んだ信徒が生きている信徒と同じように復活に与れるか、という不安が起こったと仮定して、パウロがその疑問に対する答えとして4:13-17を語ったとする理解である。

9)　ダン、浅野訳『使徒パウロの神学』406-410頁。

2.1.3. 死んだ者と生きている者を集めることについて (4:15)

4:15 については、テサロニケ書研究者の間でよく議論される事柄が他にも
ある。「わたしたちはこのことを、主の言葉においてあなたがたに語る」と
いう言葉の、「主の言葉」をどのように理解するかである。ブルースは旧約
聖書によって、「主の言葉」とは預言者の言葉であると指摘する。預言者は
神の霊を通して与えられた言葉を語る。それゆえブルースは、パウロが「主
の言葉」と語るのは、「復活した主の名によって」[10] パウロが受けた言葉と考
えるという。

他方、「主の言葉」ということで、パウロはイエスの言葉伝承を意味して
いると考えることもできる。それは「主の命令」（たとえばⅠコリ 7:10-12）、
「主の教え」（Ⅰコリ 9:14）について言及しているように、パウロがイエスの
言葉伝承を引用し、あるいは暗示している、同様の箇所があるからである。
それゆえⅠテサ 4:15 でもパウロは、イエスの言葉伝承を指して「主の言葉」
と言っていると考えられるのである。しかしこの理解の問題は、福音書には
Ⅰテサ 4:15 の「すなわち、わたしたち生きている者、主の来臨まで生き残る
者は、眠りについた人々より先になることは決してないであろう」のように
語る、イエスの言葉伝承が伝えられていないということである。しかし「主」
を「人の子」と置き換えると事情は違ってくる。マコ 13:26-27（並行マタ
24:31; ルカ 21:25-28。マコ 8:38 参照）には天から下って来る「人の子」につ
いての言葉がある。これらの言葉はすべて、ダニ 7:13-14 の「人の子」の言
葉を反映している。ここでは天から雲に乗って下る「人の子」が、すべての
国の民を集める。パウロはこの「人の子」のイメージをⅠテサロニケ書で用
いているのではないか。ただしダニ 7:13-14 のすべての国の民を集めるとい
うところを、パウロはⅠテサ 4:15-17 では、生きている者と死んだ者を集め
る、に変えている [11]。

---

10) Bruce, *1 and 2 Thessalonians*, 98-103.

11) マタ 12:41 においても、ダニ 7:13-14 のイメージが有効に用いられている。ニネベ
の人々はヨナの言葉を聞いたから、南の女王はソロモンの言葉を聞いたから復活に与る。
これらの人々は悔い改めて救われる異邦人の模範となる。マタ 28:18 では、すべての異邦

　ここでパウロは自身を「わたしたち生きている者」と語っているので、注解者の中には、パウロは自分の生きているうちに来臨を経験すると考えており、来臨は緊迫していると考えていたと結論する者もいるが、実際には 16 節でパウロは手紙を書いているその時、自分が生きていると書いているに過ぎず、それ以上の言及はしていない[12]。そしてパウロは、生きている者は死んだ者に対して決して優位にあるわけではないという[13]。

2.1.4. 来臨の時機について（5:1-11）

　来臨の時機についてはパウロは、「主の日」は予期しない時に突然来る、と語るのみである。しかしそのことを、パウロが緊迫した来臨を信じていたことと混同してはならない[14]。パウロは緊迫した来臨について語っているのではなく、5:1-11 ではむしろ、テサロニケの信徒がその時機について思い煩わないようにと書いている。

　5:2 でパウロは、「なぜなら、あなたがた自身が正確に知っているように、主の日は夜、盗人のように来る」と語り、5:4 では「その日があなたがたを盗人のように襲うことはない」と語る。5:5 ではさらに詳細に、「なぜなら、あなたがたはすべて光の子、昼の子だからである。あなたがたは夜の子、闇の子ではない」と語る。ここで「日」とは、「主の日」を含意するので「主

人がイエスの言葉を聞くために招かれる（Hays, *Echoes of Scripture in the Gospels*, 185）。「主の言葉」についての他の議論は、本書第 6 章 112 頁以下も参照。

12)　フィーは、17 節はすでに死んでいる者が不利を被ることがないと言うために書かれたのであり、パウロは自分の状況について、現在生きているといっているにとどまると理解している（Fee, *The First and Second Letters to the Thessalonians*, 175）。

13)　ダンによれば、この 4:16 は「来臨に関する文字通りの理解」であり、「終末の緊急性という誤解とあいまって現代の知識人には取り上げにくい」という（ダン、浅野訳『使徒パウロの神学』401 頁）。しかしⅠテサロニケ書は、まず 1-3 章で両者の関係を確認して励ますのであり、この励ましが中心的執筆動機と考えられるのである。その付け足しとして 4 章以下が語られることは、4:1 の「加えて」（Λοιπὸν οὖν）と始めることから明確に示されている。

14)　Fee, *The First and Second Letters to the Thessalonians*, 167. これに対してアーマンは、5:2-3 の出来事の緊急性に注目して読む。パウロはこれから急に予期せぬ出来事が起こることを示唆しているという（アーマン、津守訳『キリスト教の創造』128 頁）。

の日」にしても、夜来る盗人にしても、突然訪れて、信者を襲うことはない。
なぜなら信者は昼に属するからであるという。続く 5:6-11 では、パウロは
信者が現在をどのように生きるべきか力強く教える[15]。5:8「しかし、わた
したちは昼の者であるから自制しよう。わたしたちは信仰と愛の胸当てを、
救いの希望を兜として着けている」。パウロは信徒たちに現在をどのように
生きるべきか語る。実にパウロは、手紙を通して信徒たちがどのように生き
るべきかを語っている（2:11-14; 3:6-13; 4:1-12; 5:4-24）[16]。これらの教えの中
で、「来臨」という言葉が使われるのは 5:23 のみであるが、5:9 では「なぜ
なら、神はわたしたちを怒りではなく、わたしたちの主イエス・キリストに
よって救いを得るように定めたからである」と、明白に来臨について語って
いる。

　パウロが 4:13-18 において来臨について語る際、はっきりと、来臨はすぐ
に来るとは書いていない。しかしながら、5:1-11 においては、その日は突然
来ると書く。つまりこれまでの検討に従って考えると、来臨が近いと語って
いるのは、1:10 においてのみである（4, 5 章について詳細は、本書第 6 章 110-
121 頁参照）。

　Ⅰテサ 1:10 でパウロは、テサロニケの人々は「来るべき怒り」を待って
いると語る。Ⅱテサロニケ書も、神のイスラエルへの裁きと回復という預言
者の言葉からの影響を示している。次にⅡテサロニケ書を検討し、そこに緊

15）　フリートリッヒは、Ⅰテサ 4:13-18 は切迫した来臨を示唆しているが、それは他の書
簡におけるパウロの教えと一致する 5:1-11 と矛盾するので、5:1-11 が後代の編集であると
結論する（Friedrich, "1 Thessalonicher 5, 1-11, der apologetische Einschub eines Späteren,"
288-315）。しかしホルツは、2 つの箇所は異なる目的のために書かれたのであり、いずれ
も真正だと指摘する。4 章は「生者と死者があずかる救いの希望の意味」で、5 章は「終
末までの（未知の）期間は満たされた時であるという意味」で、両章の強調点は異なりつ
つ補い合うと考えている（ホルツ、大友訳『テサロニケ人への第一の手紙』28 頁）。フィ
ーは、パウロのこの箇所での関心は、テサロニケの人々が現在、どのように生きるかにあ
るという（Fee, *The First and Second Letters to the Thessalonians*, 191-192）。

16）　Ⅰテサ 5:1 と同様、使 1:7 では時を表す χρόνος と καιρός が使われている。2 つの箇
所は神のみが時を定めることを語るが、Ⅰテサ 5:1-11 では「時は神のみが定めると思い起
こさせる言葉をわざわざ発することもしていない」。それは聖書全体の思想と一致する（ガ
ヴェンタ、野田訳『テサロニケの信徒への手紙 1、2』136 頁）。

迫した来臨が語られているのか検討したい。

2.2. Ⅱテサロニケ書における来臨描写

　Ⅱテサロニケ書の真正性については、19 世紀から議論されるようになっ
た。現在では、Ⅰテサロニケ書はパウロの真筆の手紙であるとほとんどの学
者が認めているが、Ⅱテサロニケ書については議論が続いている [17]。

　「来臨」という言葉は、2:1, 8 で用いられる（2:9 でも用いられるが、ここで
はキリストについて語っていない）。2:2 では「主の日」といい、1:10 では「日」
によって「主の日」が意味されている。2 章では、終末が来る前にいくつか
の連続する出来事が起こり、最後にその「日」が訪れると語る。注解者の中
には、Ⅱテサロニケ書で終末に先立ついくつかの出来事が語られるのは、終
末の遅延のためだと考える者もいる。しかしながら、本稿の理解では、Ⅱテ
サロニケ書では来臨の確かさが語られるものの、来臨が緊迫しているとは語
られていない。終末に一連の出来事が起こるという、黙示文学における終末
のシナリオは、終わりの時の重要性を強調しているのであって、それが緊迫
していると語ることが目的ではないと考える [18]。

　17）　Ⅱテサロニケ書がパウロ真正書簡であると主張するのは、Holtzman, "Zum zweiten
Thessalonicherbrief," 97-108. ホルツマンは、Ⅱテサロニケ書はⅠテサロニケ書の誤った
終末論を訂正していると考える。W. ヴレーデは、単語、内容、神学的傾向を検討し、二
つの手紙の違いを指摘する。特にⅡテサ 2:4 によって、この手紙は紀元後 70 年以降に書
かれたと指摘する（Wrede, *Die Echtheit des zweiten Thessalonicherbrief Untersucht*）。リンデ
マンはホルツマンを踏襲し発展させ、Ⅱテサロニケ書はⅠテサロニケ書の終末論を訂正
するばかりでなく、否定し、自説の正当性を主張しているという（Lindemann, "Zum Ab-
fassungszweck des Zweiten Thessalnicherbriefs," 228-240）。アーマンも同様（アーマン、津
守訳『キリスト教の創造』126-130 頁）。

　18）　ダンは、Ⅱテサロニケ書の真正性を主張した上で、「パルーシアが彼の存命中に起こ
らないという見通しが彼を困惑させた様子はない」という（ダン、浅野訳『使徒パウロの
神学』401-421 頁）。そして 1:7-10; 2:3-12 にはいずれも黙示文学の特徴があるといい、生
き生きとした視覚的描写と同時に、ユダヤ教終末論に特徴的な、神による報復の描写があ
ることを指摘する。

2.2.1. 「主の日はすでに来た」(Ⅱテサ 2:2) という言葉について

　この 2:2 は、「主の日はすでに来た」と考える人々と論争するために書かれたと考えられることが多い。この言葉は「霊や、言葉、あるいはわたしたちからという手紙によって、あなたがたは慌てて動揺させられたり、分別をなくし、混乱しないように」と続く。この「主の日はすでに来た」という言葉は、「霊や、言葉、あるいはわたしたちからという手紙」によるものであるが、わたしたち（パウロ、シルワノ、テモテ [1:10]）からのように見せかけた偽書簡のことと考えられる [19]。

　「主の日」はすでに「来ている」(ἐνέστηκεν) という、この文章の動詞は、直説法完了形であり、二つの理解の可能性がある。通常、直説法完了形は完了した動作を表し、この場合、「主の日はすでに来ている」となる [20]。これに対して直説法完了形は「主の日は来つつある」という近接未来を表すこともできる [21]。そのため 2:2-12 でさらに説明を加えて、3-12 節では「主の日」までの終末のプログラムを書いている。これはマコ 13:3-13; ルカ 17:20-37; マタ 24:3-44 に同様のものが見られる。ベカーが指摘するように、終末のプログラムは時系列的記述を意図したものではなく、キリスト者の希望を励ますための工夫として、来臨の順序を劇的に表現することで来臨の確かさを表現するものである [22]。

2.2.2. Ⅱ テサロニケ書の終末までのシナリオについて (2:3-8)

　終末の確かさを強調するシナリオとは次のようなものである。3 節ではまず「背教 (ἀποστασία) が生じ、不法の者、破壊の子 (ὁ ἄνθρωπος τῆς ἀνομίας, ὁ υἱὸς τῆς ἀπωλείας) が現れる」という。しかし 6 節では状況が混乱するのを「抑えているもの」がいて、それは 7 節では「ただ今抑えている者がただ中から退くまで」という。

19) Fee, "Pneuma and Eschatology in 2 Thessalonians 2.1-2, 201-202.
20) Fee, *The First and Second Letters to the Thessalonians*, 273.
21) Vielhauer, *Geschichte der urchristlichen Literatur*, 94.
22) Beker, *Paul's Apocalyptic Gospel*, 97-98.

　6節「抑えているもの」と、7節「抑えている者」が何を意味するかは、教会教父の時代から議論されてきた。ストローベルは、これは神を意味すると理解することが最も適切だと考える。なぜなら最後の審判が始まる時機は神が決めることだからである[23]。つまり、歴史の終わりに導く連続した出来事の描写は、終わりの時の重要性を強調するためのⅡテサロニケ書の文学的手法であると考えられる。

　加えてⅡテサロニケ書は、終末の回復に先立つ裁きを強調しつつ、「主の日」を描写する。6節は「今や、あなたがたは知っている。抑えているものは、それ自身の時に不法の者を明らかにすることを」と語るが、それはすでに1:7「あなたがた、苦しめられている人々が、わたしたちと共にある休息をもって報われることは、神において正しいことである。主イエスが天から、キリストの力の下にある天使たちと共に現れる時に」と言われていた。続いて8節では、「燃える炎の中で、神を知らない人々と、わたしたちの主イエスの福音を聞かない人々は、罰を受けるであろう」と語る。

　Ⅰテサロニケ書では「神の怒り」や裁きの具体的描写はなかったが、Ⅱテサロニケ書の著者は旧約聖書、特にゼファニヤ書などの預言者のイスラエルに対する裁きの言葉を、引用ないし参照していると考えられる。

　したがって本稿では、Ⅱテサロニケ書を第二パウロ書簡と考える。その理由の一つは、Ⅱテサロニケ書は来臨について裁きを中心に語る点で、Ⅰテサロニケ書と著しく異なると考えるからである[24]。これに対してⅠテサロニケ書は、来臨について救いを中心に提示する[25]。いくつかの注解では、Ⅱテサロ

<hr />

[23]　Strobel, *Untersuchungen zum eschatologischen Verzögerungsproblem auf Grund der apätjüdisch-urchristlichen Geschichte von Habakuk 2.2 ff.*, 194-198. 詳細は、本書第6章128-131頁参照。

[24]　Plevnik, *Paul and the Parousia*, 120-121.

[25]　ほとんどの注解者は、Ⅰテサロニケ書がⅡテサロニケ書よりも先に書かれたと考えている。しかし、ワナメーカーは、Ⅱテサロニケ書が先に書かれたと考えている（Wanamaker, *The Epistles to the Thessalonians*, 37-52）。ダンによれば、二つの手紙はキリストの来臨に関心を向けているが、Ⅱテサロニケ書は黙示文学的幻を用いている点で異なる（ダン、浅野訳『使徒パウロの神学』401-410頁）。タイセンは、Ⅱテサロニケ書はパウロの後継者によって書かれたが、Ⅰテサロニケ書が緊迫した来臨を語っているので読まないように警告していると考える（タイセン、大貫訳『新約聖書』86-87頁）。リンデマンは、

ニケ書は、Ⅰテサロニケ書の緊迫した終末予告を否定しようとしていると考える。しかしながら本稿が指摘するのは、Ⅱテサ2章でも、Ⅰテサロニケ書と同様に神の裁きが明確に語られているということである。したがってそれぞれの手紙の目的は、終末の確かさを語ることにおいて一致している。

3. LXXゼファニヤ書における「主の日」とパウロへの影響

これまで見てきたようにⅠ、Ⅱテサロニケ書は「主の日」を描写する預言書の言葉を用いている。そこでLXXで「主の日」という言葉が使われる箇所を検討する（ἡμέρα と κυρίου は、イザ 2:12; 13:6, 9; エレ 32:33; エゼ 7:10; 13:5; 30:3; アモ 5:18, 20; ヨエ 1:15; 2:1, 11; 3:4; 4:14; オバ 15; ゼファ 1:7, 14; ゼカ 14:1; マラ 3:19, 22, 23 で用いられる）。

ゼファニヤ書の冒頭 1:7 では「主の日」について言及され、1:15 では「主の日」は苦しみの日であることが明確に語られる。またゼファ 3:8 では、「その日」は裁きの日であることが語られる。これらの箇所で語られる裁きと罰の描写は、Ⅱテサロニケ書と類似している。

3.1. LXX における「主の日」

「主の日」という言葉が LXX で用いられる多くの箇所では、ἐγγύς と共に「主の日は近い」と言われる（イザ 13:6; エゼ 30:3; ヨエ 1:15; 2:1; 4:14; オバ 15; ゼファ 1:7, 14）。「主の日は近い」というのは定型表現であるかのように頻繁に現れる。しかし、この他には「主の日」（ヘブライ語聖書では YHWH の日）の特徴は概括しにくい。フォン・ラート以前は、アモ 5:18 が「主の日」の基本的概念をよく表していると考えられていた。フォン・ラートは、イザ 13 章；34 章；エゼ 7 章及びヨエ 2 章は明確な、しかしより広い概念を提供していると考えていた。すなわち、預言書では「主の日」は戦いの日であっ

Ⅰテサロニケ書を否定するためにⅡテサロニケ書は書かれたと考える（Lindemann, "Zum Abfassungszweck des Zweiten Thessalonicherbriefes," 228-240）。

て、ヤハウェの完全な勝利の日が考えられている[26]。

3.2. ゼファニヤ書における「ヤハウェの日」

　フォン・ラートによれば、ゼファニヤ書においては「主の日」は犠牲祭儀
の日で、これは主の日がどのような日かを伝える最も重要な記述であるとす
る[27]。それではゼファニヤ書において、「主の日」（ヤハウェの日）はどのよう
な日として描かれているのだろうか。フォン・ラートは、ゼファニヤ書の記
述が「主の日は近い」と述べることから始まることに注目し、祭儀へ参加す
るように招くという[28]。

　同時にゼファニヤ書の「ヤハウェの日」には、パウロがⅠテサロニケ書で
述べる神の怒り、主の日の近さ、信者を集めるという要素がすべて言及され
る。

3.2.1. 預言者の活動について

　ゼファ 1:1 によれば、預言者はユダのヨシヤ王の時代、すなわち紀元前
640-609 年に語っている。しかし預言者が具体的にヨシヤ王の時代のいつ
語ったかについては、明確にしていない。たとえば、K. エリガーは、預言者
はヨシヤ改革の前に活動を始めていて、その「主の日」の考え方をもってヨ
シヤ改革を指導したと考えている。それはイザヤの預言（イザ 2:12-20）や
アモスの預言（アモ 5:16-20）の場合にも同じ対応が見られる[29]。J. フラーディ
ンガーブルックは、ゼファニヤはヨシヤ改革に直接関わっておらず、むし
ろ政治的、宗教的改革は何の益ももたらさないと考える預言者集団に属して
おり、裁きの後、残された者が生き残ることを語る程度であったと考えてい

---

26) von Rad, "The Origin of the Concept of the Day of Yahweh," 98-99.

27) von Rad, "The Origin of the Concept of the Day of Yahweh," 102.

28)　スウィーニーは、ゼファニヤ書の「主の日は近い」という記述は詩 145:18 の言葉を取
り入れたものと考えている（Sweeney, *Zephaniah*, 96）。フラーディンガーブルックによれ
ば、犠牲祭儀の場で語られた言葉が預言者の言葉として取り入れられ、場所的近さから時
間的近さを意味するようになっていく（Vlaardingerbroek, *Zephaniah*, 83）。

29)　エリガー、守屋訳「ゼパニヤ書」121-123 頁。

る 30)。このようにゼファニヤ書においては、預言者が改革前に語ったのか改革後に語ったのかを判断する手がかりは、ゼファニヤ書以外にない 31)。

しかしながら、ゼファニヤ書は預言者が改革の最中に活動していることを示唆する特徴も見せている。ゼファ 2:1-3 は、改革を勧める言葉であるとも考えられる。ゼファニヤ書全体についても言えることであるが、特に 2:1-3 の勧告の言葉によって、預言者は神を探し求めることを勧めている。たとえば読者に犠牲を捧げ、神を礼拝するよう招く 1:7 や、3:10 の「ヤハウェの日」についての言葉がそうである 32)。「ヤハウェの日」は 1:2-6 に始まり、続く 2:4-3:2 において諸国に対する裁き（2:4-15）、そしてエルサレムの回復が続く（3:1-30）33)。

「ヤハウェの日」についての最初の言及は 1:7 にあり、それは預言者が人々に「ヤハウェの日」について知らせ、礼拝に来るように招く 7-13 節の冒頭にあたる。そして 14-18 節では犠牲について、人々にその重要性を説明し、犠牲祭儀に備えて人々に静かにするよう命じる。ここでヤハウェは行動を起こし、礼拝に来た者たちが罰として犠牲に捧げられる必要があるかどうか吟味する 34)。これは「ヤハウェの日」の独特な描写である。諸国の人々だけでなく、ユダ、イスラエルの人々が吟味される。

フラーディンガーブルックは、「主の日」という言葉が、犠牲祭儀に際しての説教に終末論的重要性をもたらしていると議論する。フラーディンガーブルックの理解によれば、預言者は未来の政治的状況に希望を持っておらず、それゆえ「主の日」に言及することで終末の希望が語られるが、それだけがゼファニヤ書で語られる希望であるという 35)。しかしながら、ゼファ 1

---

30) Vlaardingerbroek, *Zephaniah*, 20.

31) Vlaardingerbroek, *Zephaniah*, 21.

32) スウィニーは、タルグムでは「ヤハウェの日」は神殿を破壊したローマ人への報復の日として、未来の出来事を示唆する内容に理解されているという（Sweeney, *Zephaniah*, 29-34）。このような解釈の変化が I テサロニケ書と II テサロニケ書の間でも生じていると考えると、両書の違いは説明できるのではないか。

33) Sweeney, *Zephaniah*, 50-54.

34) Sweeney, *Zephaniah*, 73-105.

35) Vlaardingerbroek, *Zephaniah*, 78-79.

章で人々は祭儀に参加する資格があるかすぐに質されることになる。したがって、この呼びかけは終末論的なものではない。呼びかけは単に神殿で神を礼拝するように招いているだけで、終末論的意味合いがあるのかは疑わしい。むしろスウィニーがゼファニヤ書の注解書で示している理解のように、神殿で神を礼拝するように招いているだけだと考えることができるのではないか。

3.2.2. スウィニーの「ヤハウェの日」理解

　ゼファ 1:7 の注解において、スウィニーは、この箇所は古代のエルサレム神殿の礼拝の場で語られた言葉として読む必要があると語る。神殿の礼拝で祭日や安息日を祝う際、1:8 と 3:10 ではその犠牲祭儀において神の創造を思い起こし、直線的に進む時間の進行を一時停止しているという [36]。

　またスウィニーは、申 26 章には、直線的歴史時間を農耕文化を背景とする循環的時間に統合しようとする関心が読み取れるという [37]。年毎に、農耕民が収穫物を神に捧げる時に、最も古い信仰告白が唱えられたと考えられる。スウィニーは、ここでは神と人との関係は直線的歴史の進行によって考えられているのではなく、循環する時間の中で季節がめぐり、自然が更新されるという時間の中で捉えられているとする [38]。

　しかし、歴史の変遷の中で神とイスラエルの関係が変化した時代もある。ダビデの家は神に従うことができず、バビロン捕囚を招いた。そして後期預言者、十二小預言者たちは悪が滅び、神と民との関係が回復することをそれぞれの仕方で描いている。たとえばイザヤ書では、神は創造主であり、シオンと神殿は創造の中心にある。契約はイスラエルとユダの人々を神と結ぶ。スウィニーはイザヤ書を読む際に、創造の中心としての神殿の重要さを明確にしている。イザ 2:2 では、終わりの日に（באחרית הימים）諸国民すべてがシ

36）　同様にスウィニーは、イザ 2:2 の באחרית הימים を「のちの日々」と理解している。
"Eschatology in the Book of Isaiah," 183-185.

37）　Sweeney, "Tanak versus Old Testament," 367.

38）　Sweeney, "Tanak versus Old Testament," 368.

オンに集められ、神との契約を更新するという[39]。

「ヤハウェの日」は、ヤハウェがイスラエルの内なる敵も外なる敵も滅ぼ
した歴史を思い起こす日である。そこでのヤハウェは創造主である。神殿で
祝われる「ヤハウェの日」はこの意味で、礼拝者が神の働きを直線的に進行
する時間の上で憶えるとともに、また季節の収穫物を神に捧げるという点で
は循環する時間が想定されている。明確なのは、祭儀的時間においては「ヤ
ハウェの日」は終わりの日を意味しないということである。それは人間の歴
史において毎年、くり返し、新年に創造主であるヤハウェを憶える日なので
ある[40]。

3.3. パウロの時間理解

ゼファニヤ書において、「ヤハウェの日」は終末論的意味を持たない。預
言者ゼファニヤは、人々が神を礼拝し犠牲を捧げるように神殿に招く。そ
れは循環する時間の中で、ヤハウェとの安定した関係を保持するためであ
る[41]。パウロ書簡にゼファニヤ書に由来する「ヤハウェの日」の影響が読み
取れるとして、Ⅰテサロニケ書はじめ他のパウロ書簡の「主の日」にも、こ
の理解があてはまるか検討してみたい。

Ⅰテサロニケ書では、キリストの来臨を言うためにパルーシアという語が
4回用いられているが、他のパウロの書簡では、キリストの来臨（パルーシ
ア）というのはⅠコリ 15:23 のみである。「主の日」という言葉はⅠテサ 5:2
のみで用いられている。「主の日」というのはロマ 2:5; Ⅰコリ 1:8; 5:5; Ⅱコ
リ 1:14、「救いの日」はⅡコリ 6:2、「その日」はロマ 2:16; 13:12-13; Ⅰコリ

---

39) スウィニーは、「終わりの日」を終末論的に理解するのは、ギリシア語訳に影響され
たためと考えている。"Eschatology in the Book of Isaiah," 184-185. イザ 2:12 における「主
の日」は、契約が新たにされる日である。そしてそれに先立って 2:1-5 ではシオンに諸国
民が集められ、神の法と平和を学ぶ（Sweeney, "Swords into Plowshares or Plowshares into
Swords?," 97-110）。

40) Sweeney, *Zephaniah*, 80-81.

41) 聖書における直線的時間の進行についての考察は、Albrektson, *History and the Gods*
参照。ゼファニヤ書について直線的時間の進行を前提にしているのは、Ro, *Die sogenannte
„Armen- frömmigkeit" im nachexilischen Israel*, 76-106 など。

3:13、「怒りの日」はロマ 2:5、「キリストの日」はフィリ 1:10; 2:16、「イエ
ス・キリストの日」はフィリ 1:6; Ⅰコリ 1:8; Ⅱコリ 1:14 において語られる。
これらの箇所で、パウロはその「日」に何が起こるか述べている。しかしそ
の時機については、Ⅰ、Ⅱテサロニケ書にわずかな言及があるのみで、他に
ロマ 13:12 において「その日は近い」(ἡ δὲ ἡμέρα ἤγγικεν) という定型句を用
いて語る箇所のみにある。

3.3.1. ロマ 13:12 の「主の日」について

　それではテサロニケ書以外のパウロ書簡には、緊迫した主の日が語られて
いるのだろうか。

　ロマ 13:12「主の日は近い」(ἡ δὲ ἡμέρα ἤγγικεν) はゼファ 1:7, 14 において
「主の日」は近いと言われる箇所を踏襲していると考えられる。ゼファ 1:7,
14 の「近い」という副詞 ἐγγύς は、ロマ 13:12 では動詞形で用いられている
(ἤγγικεν)。

　C. E. B. クランフィールドはその注解書で、ロマ 13:12 のパウロの言葉を
終末論的には理解していない。クランフィールドによれば、パウロはその日
までに残された時間を、キリストの来臨を待つ心備えの時として描き、次の
ように注解している。「キリストの再臨を注意怠りなく——すなわち相応し
い熱心さと適切な緊迫感をもって、また信仰と従順と愛に必然的に伴う務め
に積極的にそして堅い意志をもって励みつつ——待ち受けていることがキリ
スト教徒たちの義務のすべてである時である」[42]。しかし、ここでパウロは来
臨が緊迫しているとは語っていない。けれどもⅡテサロニケ書の来臨の時機
についての議論から推測すると、来臨がすぐに起こると考えているかのよう
に、パウロの言葉は誤解されていたに違いない。

　このような誤解は、ヨハ 21:23 とⅡペト 3:3-4 に見られる。これらの箇所
でそれぞれの著者は、来臨はすぐに（20-30 年の間に）起こるという主張に反
論している。しかしパウロ自身は、来臨の時機が近いか遠いかを問わない。
パウロが勧めるのは、熱心に信仰を持って来臨を待つことである。本稿です

---

42)　クランフィールド、山内訳『註解ローマの信徒への手紙』462 頁。

でに指摘したように、Ｉテサロニケ書において来臨が近いと語られる箇所は、1:10 の「来るべき怒り」についての言及のみである。Ｉテサ 1:10 では「来る」を表す動詞の分詞形を用いている（ἐρχομένης）。これはゼファ 2:2 に見られる言い回しに類似している。ゼファニヤ書では、同じ動詞が前置詞を伴い、かつ不定詞形で「主の怒りがあなたに臨む（ἐπελθεῖν）前に」と語る。したがって、どちらの場合もゼファニヤ書の言葉を用いているのではないか。パウロがわずかな変更を加えているのは、「神」を「キリスト」と言い換えている点である。どちらの場合もパウロが意図しているのは、神の近さを強調することである。しかし、それは時間的近さとは限定されていない。

3.3.2. 「時は縮んでいる」（Ｉコリ 7:29）について

パウロが来臨の時間的近さを主張しているのではないとしても、パウロはこの時代の終わりについて全く考えていなかったということではない。Ｉテサロニケ書では来臨がどのくらい緊迫しているかを語っていないとしても、パウロの手紙全体を通して、この時代の終わりについて緊迫した主張が見られる。パウロは世の終わりは近づいたと言っている。このような終末についての言及は他に、Ｉコリ 10:11; ロマ 5:2; 8:18; ガラ 4:4 にも見られ、これらの箇所でパウロは単に、終わりの時が迫っている、つまり近づいていると言っているのではない。パウロの終末描写について M. ゴーマンは、現在の時とイエス・キリストの出来事によって始まった新しい時が重なっている、と語る。そのことをパウロは、Ｉコリ 7:29 で「時は縮んでいる」と表現するのである [43]。Ｉコリ 7:31; 10:11; Ⅱコリ 5:17; ロマ 13:11-12 に描写されているのは、直線的に進行する時間ではなく、現在と未来が重なり合い、収縮している時間なのである。

新共同訳聖書では、Ｉコリ 7:29 を「定められた時は迫っています」と訳している。このように訳すと、パウロが直線的に進行する時間を前提しているかのようである。しかし、パウロがＩコリ 7:29 で用いる動詞には特別な考察が必要である。ここで現在の時に関して用いられる動詞の分詞形

---

43) Gorman, *Reading Paul*, 57-64.

(συνεσταλμένος) は、口語訳、聖書協会共同訳では「時は縮まっている」と訳されている。パウロはこの箇所で単に、直線的に進行する歴史の終わりまでの時間が短くなっている、と語っているのではない。むしろキリストの出来事によって新しい時が始まり、この新しい時と従来の歴史的時間に挟まれた現在の時が縮んでいるというのである [44]。

　このような時としてパウロは現在の時を理解し、その生き方をⅠコリ7:29-31 では、あるものを他のものに喩える「〜のように」(ὡς) という語を用いて、現在の時に執着せずに生きるように語っている。妻を持つ者は持たないように、泣く者は泣かないように、喜ぶ者は喜ばないように、買う者は何も持っていないかのように、この世に関わる者は関わりがないかのように生きなさい、この世は過ぎ去るからである、と。パウロはこのように、現在の縮んでいる時の生き方を語るのである。

4. 結語

　本稿では、Ⅰテサロニケ書においてパウロが終末は緊迫していると主張している箇所と捉えられてきた 1:10 を検討し、この箇所に関わるゼファニヤ書と比較することよって理解を深め、他のパウロ書簡に見られる関連箇所も検討した。パウロが神の怒りからの救いとしてキリストの来臨を描写することから、パウロはゼファニヤ書を踏襲していると考えられるのだが、ゼファニヤ書では神殿祭儀の文脈において「主が近い」と言っている。それゆえゼファニヤ書は、歴史に近く終末が訪れると言っているのではなく、人々に「主の日」の礼拝に参加するように招き、来るべき怒りが近いことを「主の日が近い」という言葉で語り、人々に悔い改めと礼拝（祭儀）への参加を呼びかけていることを確認した。Ⅰテサロニケ書では、パウロはゼファニヤ書の言葉を踏襲し、来臨の訪れの時には、すでに死んでいる者と生きている者が共にイエスに会うといい、来臨を信じるよう呼びかけている。するとパウロの「来るべき怒り」という発言は、歴史の終末が近いということではなく、来臨

---

44)　大貫『終末論の系譜』234-238 頁。

の確かさを語ることが目的だと理解される。

その後の歴史の変遷の中で、紀元後70年の神殿崩壊と第二ユダヤ戦争の敗北など危機的な時代を経験するにつれ、終末待望が盛り上がる中で、預言者やパウロの言葉が終末が近いと理解されるようになったことも理解できる。しかしながら、Ⅰテサロニケ書、Ⅱテサロニケ書、ゼファニヤ書をあわせて読むことで、それらの文書の本来意図したことが明確になるのである。

参考文献

1. 聖書

『聖書　口語訳』日本聖書協会、1955 年。

『聖書　新共同訳』日本聖書協会、1987 年。

『聖書　聖書協会共同訳』日本聖書協会、2018 年。

青野太潮訳「ローマ人への手紙」『新約聖書IV　パウロ書簡』岩波書店、1996 年。

青野太潮訳「テサロニケ人への第一の手紙」『新約聖書IV　パウロ書簡』岩波書店、1996 年。

岩隈直訳註『パウロ初期書簡』山本書店、1977 年。

田川建三「テサロニケ人の教会へ、第一」『新約聖書　訳と註 3　パウロ書簡その一』作品社、2007 年。

田川建三「ローマにいる聖者たちへ」『新約聖書　訳と註 4　パウロ書簡その二／疑似パウロ書簡』作品社、2009 年。

田川建三「テサロニケ人の教会へ、第二」『新約聖書　訳と註 4』作品社、2009 年。

田川建三「ヨハネ福音書」『新約聖書　訳と註 5　ヨハネ福音書』作品社、2013 年。

田川建三「ペテロ書簡、第一」「ペテロ書簡、第二」『新約聖書　訳と註 6　公同書簡／ヘブライ書』作品社、2015 年。

2. その他テクスト

Accordance Oak Tree Software, The Greek Pseudepigrapha, version 6.1.

『戦いの書』日本聖書学研究所編『死海文書』第 6 版、山本書店、1988 年。

『宗規要覧』日本聖書学研究所編『死海文書』第 6 版、山本書店、1988 年。

「ダマスコ文書」土岐健治『死海写本』講談社学術文庫、2015 年。

村岡崇光訳「エチオピア語エノク書」日本聖書学研究所編『聖書外典偽典 4　旧約偽典 II』教文館、1975 年。

3. 辞書、文法書

Balz, H. und G. Schneider, Hrsg., *Exegetisches Wörterbuch zum Neuen Testament*, Band I-II (Stuttgart: W. Kohlhammer, 1980-1981). (H. バルツ／ G. シュナイダー

著、荒井献他監修『ギリシア語新約聖書釈義事典Ⅰ‐Ⅲ』教文館、1993-1995 年。）

Blass, F. and A. Debrunner, *A Greek Grammar of the New Testament and Other Early Christian Literature*, trans. R. W. Funk (Chicago: University of Chicago Press, 1961).

4. 研究書、論文

Albrektson, B., *History and the Gods: An Essay on the Idea of Historical Events as Divine Manifestations in the Ancient Near East and in Israel* (Lund: C. W. K. Gleerup, 1967).

Beilner, W. 「ἐπιστολή」『新約聖書釈義事典Ⅱ』68-71 頁。

Beker, J. C., *Paul the Apostle: The Triumph of God in Life and Thought* (Philadelphia: Fortress Press, 1980).

―――, *Heirs of Paul* (Edinburgh: T&T Clark, 1991).

―――, *Paul's Apocalyptic Gospel: The Coming Triumph of God* (Minneapolis: Fortress, 2007).

Best, E., *The First and Second Epistles to the Thessalonians* (Peabody: Hendrickson Publishers, 1972).

―――, *A Commentary on the First and Second Epistles to the Thessalonians* (London: Black, 1977).

Bousset, W., *Kyrios Christos* (Nashville: Abingdon Press, 1970).

Bradley, D., "The Topos as a Form in Pauline Parenesis," *JBL* 72 (1953): 238-246.

Branick, V., "Apocalyptic Paul?," *CBQ* 47 (1985): 664-675.

Broer, I. 「ἄγγελος」『新約聖書釈義事典Ⅰ』40-42 頁。

Bruce, F. F., *1 and 2 Thessalonians*, WBC (Waco, TX: Word Books, 1982).

Collins, J. J., "Genre, Ideology and Social Movements in Jewish Apocalypticism," in *Mysteries and Revelations* (Sheffield: Sheffield University Press, 1991), 11-32.

―――, *The Apocalyptic Imagination*, 3rd ed. (Grand Rapids: William Eerdmans Publishing Company, 2016).

Cranfield, C. E. B., *Romans: A Shorter Commentary* (Edinburgh: T&T Clark, 1985). (C. E. B. クランフィールド、山内眞訳『註解ローマの信徒への手紙』日本キリスト教団出版局、2020 年。）

Davidson, M., *Angels at Qumran* (Sheffield: JSOT Press, 1992).

de Boer, M. C., "Paul and Apocalyptic Eschatology," in J. J. Collins, et al. eds., *The*

Encyclopedia of Apocalyptic (New York: Continuum, 1998), 345-383.

Deissmann, A., *Paul: A study in Social and Religious History*, 2nd ed. (New York: Harper Torchbooks, 1927).

Doty, W. G., *Letters in Primitive Christianity* (Philadelphia: Fortress, 1973). (W. G. ドーティ、土屋博他訳『原始キリスト教の書簡文学』ヨルダン社、1985 年。)

Dunn, J. D. G., *The Theology of Paul the Apostle* (Grand Rapids: W.B. Eerdmans, 1998). (J. D. G. ダン、浅野淳博訳『使徒パウロの神学』教文館、2019 年。)

Ehrman, B. D., *Forged: Writing in the Name of God* (New York: HarperCollins, 2011), e-book version. (B. D. アーマン、津守京子訳『キリスト教の創造』柏書房、2011 年。)

Elliger, K., *The Propheten Nahum, Habakuk, Zephanija, Haggai, Sacharja, Maleachi*, ATD 25/2 (Göttingen: Vandenhoeck & Ruprecht, 1949). (K. エリガー、守屋彰夫訳「ゼパニヤ書」『ATD 旧約聖書註解 (26) 十二小預言者下』ATD・NTD 聖書註解刊行会、1984 年。)

Fee, G., "Pneuma and Eschatology in 2 Thessalonians 2.1-2: A Proposal about 'Testing the Prophets' and the Purpose of 2 Thessalonians," in T. Schmidt et al. eds., *To Tell the Mystery: Essays on New Testament Eschatology in Honor of Robert H. Gundry* (Sheffield: JSOT Press, 1996), 196-215.

―――, *The First and Second Letters of the Thessalonians* (Grand Rapids: Eerdmans, 2009).

Fendrich, H. 「κόπος」『新約聖書釈義事典Ⅱ』365 頁。

Friedrich, G., "1. Thessalonicher 5,1-11 der apologetische Einschub eines Späteren," *ZThK* 70 (1973): 288-315.

Furnish, V. P., *1 Thessalonians, 2 Thessalonians* (Nashville: Abingdon Press, 2007).

Gaventa, B. R., *First and Second Thessalonians* (Louisville: John Knox Press, 1998). (B. R. ガヴェンタ、野田美由紀訳『テサロニケの信徒への手紙 1、2』現代聖書注解、日本キリスト教団出版局、2000 年。)

―――, *First and Second Thessalonians*, IBC (Louisville: Westminster John Knox, 1998).

Gorman, M., *Cruciformity: Paul's narrative Spirituality of the Cross* (Michigan: Wm. B. Eerdmans, 2001).

―――, *Reading Paul* (Eugene, OR: Cascade, 2008).

Hackenberg, W. 「γίνομαι」『新約聖書釈義事典Ⅰ』290-291 頁。

Hays, R. B., *Echoes of Scripture in the Gospels* (Waco, TX: Baylor University Press,

2016).

Hegermann, H.「δόξα」『新約聖書釈義事典 I』398 頁。

Hess, A. J.「διά」『新約聖書釈義事典 I』343-344 頁。

Hogeterp, A. L. A., *Expectations of the End* (Boston: Leiden, 2009).

Holtz, T., *Der erste Brief an die Thessalonicher*, EKK XIII (Zürich: Benziger; Neu-krichen-Vluyn: Neukirchener, 1986). (T. ホルツ、大友陽子訳『テサロニケ人への第一の手紙』EKK 新約聖書註解 XIII、教文館、1995 年。)

———「οὗτος, αὕτη, τοῦτο」『新約聖書釈義事典 II』621 頁。

Holtzman, H. J., "Zum zweiten Thessalonicherbrief," *ZNW* 2 (1901): 97-108.

Hübner, H.「κεῖμαι」『新約聖書釈義事典 II』336 頁。

Jewett, R., *The Thessalonian Correspondence* (Philadelphia: Fortress Press, 1986).

Käsemann, E., *Exegetische Versuche und Besinnungen*, Bd. 2 (Göttingen: Vandenhoeck & Ruprecht, 1964). (E. ケーゼマン、渡辺英俊訳『新約神学の起源』日本キリスト教団出版局、1973 年。)

Knibb, M., *The Ethiopic Book of Enoch* (Oxford: Clarendon Press, 1977).

Kretzer, A.「ἀπόλλυμι, ἀπώλεια」『新約聖書釈義事典 I』171-172 頁。

———「ἔμπροσθεν」『新約聖書釈義事典 I』509-510頁。

Légasse, S.「ἐπιστρέφω」「ἐπιστροφή」『新約聖書釈義事典 II』71-72 頁。

Lifton, R., *Destroying the World to Save it* (New York: Metropolitan Books, 1999).

Limbeck, M.「ἀνομία」『新約聖書釈義事典 I』140-141 頁。

Lindemann, A., "Zum Abfassungszweck des Zweiten Thessalonicherbriefes," in *Paulus, Apostel und Lehrer der Kirche* (Tübingen: Mohr, 1999), 228-251.

Longenecker, R., "Covenant Theology," in *The Road from Damascus* (Grand Rapids: Wm. B. Eerdmans, 1997), 125-146.

Luckensmeyer, D., *The Eschatology of First Thessalonians* (Göttingen: Vandenhoeck & Ruprecht, 2009).

Malherbe, A., *The Letters to the Thessalonians* (New Haven: Yale University Press, 2000).

Marshall, H., *1 and 2 Thessalonians* (Grand Rapids: Eerdmans Publishing, 1983).

Martyn, J. L., "Apocalyptic Antinomies in Paul's Letter to the Galatians," in *Theological Issues in the Letters of Paul* (Nashville: Abingdon Press, 1997), 111-123.

Meeks, W., *The First Urban Christians* (New Haven: Yale University Press, 1983). (W. A. ミークス、加山久夫監訳『古代都市のキリスト教』ヨルダン社、1989 年。)

Nickelsburg, G., *A Commentary on the Book of 1 Enoch, Chapters 1-36:81-108* (Minneapolis: Fortress Press, 2001）.

Niebuhr, R., *Moral Man and Immoral Society*（New York: Charles Scribner's Sons, 1932）.（R. ニーバー、大木英夫訳『道徳的人間と非道徳的社会』白水社、2014 年。）

Olbricht, T., "An Aristotelian Rhetorical Analysis of 1 Thessalonians," in D. L. Balch et al. eds., *Greeks, Romans, and Christians*（Minneapolis: Fortress Press, 1990）, 216-236.

Pannenberg, W., *Christian Spirituality*（Philadelphia: The Westminster Press, 1983）.（W. パネンベルク、西谷幸介訳『現代キリスト教の霊性』教文館、1987 年。）

Peach, M., *Paul and the Apocalyptic Triumph*（New York: Peter Lang Publishing, 2016）.

Peisker, C. H. 「ἡσυχία, ἡσυχάζω, ἡσύχιος」『新約聖書釈義事典 II』165-166 頁。

Plevnik, J., *Paul and the Parousia*（Eugene, OR: Wipf & Stock, 1997）.

Rad, G. von, "The Origin of the Concept of the Day of Yahweh," *JSS* 4（1959）: 97-108.

Richards, E. R., *Paul and First-Century Letter Writing*（Madison: InterVarsity Press, 2004）.

Ro, J. U., *Die sogenannte „Armen- frömmigkeit" im nachexilischen Israel*, BZAW 322（Berlin: de Gruyter, 2002）.

Schweitzer, A., *Die Mystik Des Apostels Pauls*（Tübingen: J.C.B. Mohr, 1981）.（A. シュヴァイツァー、武藤一雄／岸田晩節訳『使徒パウロの神秘主義（上）』[『シュヴァイツァー著作集』第 10 巻] 白水社、1958 年再版。）

Stark, R., *The Rise of Christianity*（SanFrancisco: HarperCollins, 1997）.（R. スターク、穐田信子訳『キリスト教とローマ帝国——小さなメシア運動が帝国に広がった理由』新教出版社、2014 年。）

Strobel, A. 「ἀνάγκη」『新約聖書釈義事典 I』110-112 頁。

―――, *Untersuchungen zum eschatologischen Verzögerungsproblem auf Grund der apät-jüdisch-urchristlichen Geschichte von Habakuk 2.2 ff.*（Leiden / Boston: Brill, 1961）.

Sweeney, M. A., "Tanak versus Old Testament: Concerning the Foundation for a Jewish Theology of the Bible," in H. T. C. Sun and K. L. Eades eds., *Problems in Biblical Theology: Essays in Honor of Rolf Knierim*（Grand Rapids: Eerdmans, 1997）, 353-372.

―――, *Zephaniah*, Hermeneia（Minneapolis: Fortress, 2003）.

_____, "Eschatology in the Book of Isaiah," in R. J. Bautch and J. T. Hibbard eds., *The Book of Isaiah: Enduring Questions Answered Anew: Essays Honoring Joseph Blenkinsopp and His Contribution to the Study of Isaiah* (Grand Rapid: Eerdmans, 2014), 179-195.

_____, "Swords into Plowshares or Plowshares into Swords? Isaiah and the Twelve in Intertextual Perspective on Zion," *TJT* 34 (2018): 97-110.

Swete, H. B., *The Psalms of Solomon with the Greek Fragments of the Book of Enoch* (Cambridge: Cambridge University Press, 1899).

Theissen, G., *Das Neue Testament*, 5. Aufl. (Munich: Beck, 2015). (G. タイセン、大貫隆訳『新約聖書——歴史・文学・宗教』教文館、2003 年。)

Thrall, M., *2 Corinthians 1-7* (London: T&T Clark International, 1994).

Trilling, W., *Untersuchungen zum zweiten Thessalonicherbrief* (Leipzig: St.-Benno, 1972).

_____, *Der Zweite Brief and die Thessalonicher* (Neukirchen-Vluyn: Neukrichener, 1980).

Vielhauer, P., *Geschichte der urchristlichen Literatur: Einleitung in das Neue Testament, die Apokryphen und die Apostolischen Väter* (Berlin: de Gruyter, 1975).

Vlaardingerbroek, J., *Zephaniah*, HCOT (Leuven: Peeters, 1999).

Wanamaker, C. A., *The Epistles to the Thessalonians: A Commentary on the Greek Text*, NIGTC (Grand Rapids: Eerdmans, 1990).

Wrede, W., *Die Echtheit des zweiten Thessalonicherbrief Untersucht* (Leipzig: Henrichs, 1903).

青野太潮『最初期キリスト教思想の軌跡——イエス・パウロ・その後』新教出版社、2013 年。

_____『十字架につけられ給ひしままなるキリスト』新教出版社、2016 年。

浅野淳博『死と命のメタファ——キリスト教贖罪論とその批判への聖書学的応答』新教出版社、2022 年。

荒井献『使徒行伝（中巻)』新教出版社、2014 年。

大貫隆『イエスの時』岩波書店、2006 年。

_____『終末論の系譜——初期ユダヤ教からグノーシスまで』筑摩書房、2019 年。

門脇佳吉『パウロの中心思想——霊の息吹の形而上学』教文館、2011 年。

キュンメル、W. 山内眞訳『新約聖書神学——イエス・パウロ・ヨハネ』日本キリスト教団出版局、2007 年（オンデマンド版)。

ケスター、H. 永田竹司訳『新しい新約聖書概説（下)』新地書房、1990 年。

佐竹明『使徒パウロ――伝道にかけた生涯』日本放送出版協会、1981 年。

佐藤敏夫『キリスト教神学概論』新教出版社、2007 年（オンデマンド版）。

辻学『偽名書簡の謎を解く――パウロなき後のキリスト教』新教出版社、2013 年。

―――「排除か？　共棲か？―Ⅱテサロニケ書の執筆意図をめぐって―」『新約学研究』43 号（2015 年）41-54 頁。

永田竹司「ロマ書におけるアダム・キリスト―新しい人の到来―」2013 年 2 月 21 日、国際基督教大学における最終講義。

―――「『偽名文書の謎を解く』書評」『本のひろば』671 号（2013 年 12 月）10-11 頁。

原口尚彰「初期パウロのパラクレーシス」『パウロの宣教』教文館、1998 年、32-48 頁。

フィールド、N. 大島かおり訳『天皇の逝く国で』みすず書房、1994 年。

ペイゲルス、E. 絹川久子／出村みや子訳『アダムとエバと蛇――「楽園神話」解釈の変遷』ヨルダン社、1999 年。

ペック、M. S. 森英明訳『平気でうそをつく人たち』草思社、1996 年。

マクグラス、A. E. 古屋安雄監訳『キリスト教神学資料集（下）』キリスト新聞社、2007 年。

松永希久夫『歴史の中のイエス像』日本放送協会出版、1989 年。

松永晋一『テサロニケ人への手紙』日本キリスト教団出版局、1995 年。

三浦望「論評　辻学著『偽名書簡の謎を解く――パウロなき後のキリスト教』（新教出版社、2013 年）」『新約学研究』43 号（2015 年）55-59 頁。

焼山満里子「キリストの死にあずかる洗礼――ローマの信徒への手紙 6:3, 4 における『洗礼』についての一考察」『神学』60 号（1998 年）243-260 頁。

―――「テサロニケの信徒への手紙一、二における終末理解」『神学』80 号（2018 年）109-127 頁。

―――「Ⅰテサロニケにおける十字架の神学」日本新約学会編『イエスから初期キリスト教へ――新約思想とその展開』リトン、2019 年、353-368 頁。

―――「Ⅰ、Ⅱテサロニケ書における来臨」『神学』83 号（2021 年）168-190 頁。

ライト、N. T. 岩上敬人訳『使徒パウロは何を語ったのか』いのちのことば社、2017 年。

ライリー、G. J. 小門宏訳『英雄・イエス――一人のイエス、多くのキリスト』近代文芸社、2004 年。

ルイス、S. M. 吉田忍訳『新約聖書と黙示』日本キリスト教団出版局、2011 年。

ルツ、U. 小河陽訳『マタイによる福音書（18-25 章）』EKK 新約聖書註解 I/3、教文館、2004 年。

初出一覧

第 1 章 「テサロニケの信徒への手紙 I における福音」『伝道と神学』No.8、東京神学大学総合研究所（2018 年）137-150 頁。

第 2 章 「I テサロニケにおける十字架の神学」日本新約学会編『イエスから初期キリスト教へ――新約思想とその展開』リトン、2019 年、353-368 頁。

第 3 章 「贖罪論と現代の教会――パウロによる参与のキリスト論」『神学』81 号、東京神学大学神学会（2019 年）51-64 頁。

第 4 章 「パウロ書簡、パウロ後書簡における静かな生活の勧めと終末待望」『伝道と神学』No.10、東京神学大学総合研究所（2020 年）157-176 頁。

第 5 章 「I テサロニケ書と II テサロニケ書の文書比較」『神学』82 号、東京神学大学神学会（2020 年）128-150 頁。

第 6 章 「I、II テサロニケ書における来臨」『神学』83 号、東京神学大学神学会（2021 年）168-190 頁。

第 7 章 "The Pauline Understanding of "the Day of the Lord" in Relation to "the Day of YHWH" in the Book of Zephaniah," in H. P. Kim et al. eds., *Historical Settings, Intertextuality, and biblical Theology* (Tübingen: Mohr Siebeck, 2022), 331-344.

あとがき

　本書は筆者が東京神学大学、また国際基督教大学で教鞭をとる中で、パウロ書簡を研究し、到達したパウロの終末論理解を提案したものである。読者の皆さまのご意見をいただいて、さらにパウロ理解を深めていくことを願っている。これまでご指導いただいた、東京神学大学山内眞名誉教授、国際基督教大学永田竹司名誉教授またクレアモント大学院大学の Dennis MacDonald 教授、Gregory Riely 元教授、Marvin Sweeney 教授に心よりの感謝を申し上げる。また、本書に収めた論文を執筆していた当時、日本新約学会の会長であられた青野太潮先生、大貫隆先生、そして学会員の諸先生方、東京神学大学の諸先生方から多くを学んだことを感謝したい。

　本書の出版にあたっては、教文館出版部の石澤麻希子氏に大変お世話になった。面倒な原稿整理をお願いしているにもかかわらず、作業を進めてくださる中で、「希望を持つということがどういうことか、教えられています」というあたたかい言葉をかけてくださった。本書を手に取ってくださる方々にも、本書がパウロが伝える「希望」を味わっていただく一助になればと願っている。

　これからも、これまでご指導いただいた方々と、国際基督教大学に筆者を迎えてくださった先生方、これから出会う方々、特に学生の皆さんと共に、さらに研鑽を積んでいけることを願っている。

2024 年 3 月

焼山満里子

《著者紹介》

焼山満里子 (やきやま・まりこ)

東京神学大学（M. Th）、アメリカ、カリフォルニア州クレ
アモント大学院大学卒（Ph. D）。梅光女学院大学（現梅光
学院大学）短期大学部宗教主任、東京神学大学を経て、現在、
国際基督教大学アーツ・サイエンス科准教授。
訳書 R. B. ヘイズ『コリントの信徒への手紙1』（現代聖
書注解）（日本キリスト教団出版局、2002年）。

主の来臨を待ち望む教会——Iテサロニケ書論集

2024年5月30日　初版発行

著　者　焼山満里子
発行者　渡部　満
発行所　株式会社　教文館
〒104-0061 東京都中央区銀座 4-5-1　電話 03(3561)5549　FAX 03(5250)5107
URL　http://www.kyobunkwan.co.jp/publishing/
印刷所　モリモト印刷株式会社

配給元　日キ販　〒162-0814　東京都新宿区新小川町 9-1
電話 03(3260)5670　FAX 03(3260)5637

ISBN978-4-7642-7484-6　　　　　　　　　Printed in Japan

教文館の本

J. D. G. ダン　浅野淳博訳 ## 使徒パウロの神学 A5判 976頁 6,300円	「パウロに関する新たな視点」(NPP) の提唱者であり、英国が誇る新約学の世界的権威である著者が、パウロのトーラー理解、キリスト (へ) のピスティス、終末的緊張と教会の在り方などの問題に独自のバランス感覚で挑む。
G. タイセン　大貫 隆訳 ## 新約聖書 歴史・文学・宗教 四六判 294頁 2,000円	新約聖書はローマ帝国の内部に存在した一つの小さな宗教的サブ・カルチャーの文書を集めたものである。それらの文書の成立と収集に文学史的にアプローチし、新約聖書の成立をトータルに理解しようとする、斬新で画期的な試み。
G. タイセン　大貫 隆訳 ## 新約聖書のポリフォニー 新しい非神話論化のために 四六判 278頁 3,600円	ブルトマンの非神話論化が本来目指していたものは何か？　神話的比喩表現を真理探求の試みとして理解することで、キリスト教信仰の三位一体論的表現に新たな光を当てる。新約学の泰斗が自身の神学の全体像を示した最新の論考!
大貫 隆 ## イエスの「神の国」のイメージ ユダヤ主義キリスト教への影響史 四六判 366頁 4,500円	来るべき「神の国」を告知するイエスの言動を動機づけていた、黙示思想を背景とする“神の国”のイメージ・ネットワーク”とは一体何なのか？　史的イエス研究の新たな視座を提示する珠玉の論考集。
浅野淳博 ## 新約聖書の時代 アイデンティティを模索するキリスト共同体 四六判 484頁 4,200円	イエス、パウロ、そして最初期のキリスト共同体は、どのような時代と社会を生き抜いたのか？　そしてこの歴史を学んだ者として、私たちはいかに今を生きるのか？　豊富な図版によって見ても楽しい新約聖書時代史入門。
原口尚彰 ## パウロの宣教 B6判 262頁 2,700円	パウロが口頭で行なった伝道説教に着目。初期パウロの宣教の特色を追求する 13 論文を収録。パウロの時代の社会的・経済的諸条件をキリスト教外の諸史料にもあたってたんねんに探求。歴史的実像に迫る気鋭の論考集。
永田竹司 ## 見えない希望のもとで 永田竹司説教集 四六判 316頁 3,100円	国際基督教大学 (ICU) で長年教鞭を執り、ICU 教会の主任牧師を務めた著者の説教を精選。聖書学者としての学的研鑽に由来する鋭い洞察と、学生たちの素朴な疑問に真摯に向き合う教師としての優しさに溢れた珠玉の言葉。

上記価格は**本体価格(税抜)**です。